10 Lições sobre
SLOTERDIJK

Dados Internacionais de Catalogação na Publicação (CIP)
(Câmara Brasileira do Livro, SP, Brasil)

Ghiraldelli Júnior, Paulo
    10 lições sobre Sloterdijk / Paulo Ghiraldelli Júnior. – Petrópolis, RJ: Vozes, 2018 –
(Coleção 10 Lições)
    Bibliografia.

    1ª reimpressão, 2020.

    ISBN 978-85-326-5647-6
    1. Filosofia alemã 2. Sloterdijk, Peter, 1947-
I. Título. II Série.

17-09440   CDD-193

Índices para catálogo sistemático:
1. Sloterdijk : Filosofia alemã   193

Paulo Ghiraldelli Júnior

10 Lições sobre
SLOTERDIJK

EDITORA VOZES

Petrópolis

2018, Editora Vozes Ltda.
Rua Frei Luís, 100
25689-900 Petrópolis, RJ
www.vozes.com.br
Brasil

Todos os direitos reservados. Nenhuma parte desta obra poderá ser
reproduzida ou transmitida por qualquer forma e/ou quaisquer meios
(eletrônico ou mecânico, incluindo fotocópia e gravação)
ou arquivada em qualquer sistema ou banco de dados
sem permissão escrita da editora.

CONSELHO EDITORIAL

Diretor
Gilberto Gonçalves Garcia

Editores
Aline dos Santos Carneiro
Edrian Josué Pasini
Marilac Loraine Oleniki
Welder Lancieri Marchini

Conselheiros
Francisco Morás
Ludovico Garmus
Teobaldo Heidemann
Volney J. Berkenbrock

Secretário executivo
João Batista Kreuch

Editoração: Fernando Sergio Olivetti da Rocha
Diagramação e capa: Sheilandre Desenv. Gráfico
Revisão gráfica: Nilton Braz da Rocha / Nivaldo S. Menezes
Ilustração de capa: Studio Graph-it

ISBN 978-85-326-5647-6

Editado conforme o novo acordo ortográfico.

Este livro foi composto e impresso pela Editora Vozes Ltda.

Para a Fran, mulher
também das horas difíceis,
pela conversação sobre
Peter Sloterdijk.

Para o Paulo Francisco, pelas
observações críticas.

Para todos os membros
do Cefa, pelas jornadas
sloterdijkianas.

Sumário

Introdução, 9

Primeira lição – As fases do pensamento sloterdijkiano, 17

Segunda lição – Contraponto com Žižek e o projeto da esferologia, 26

Terceira lição – Como nasce a noção de justiça?, 40

Quarta lição – Ressonância, antropotécnica e bastardia, 46

Quinta lição – Sociedade da leveza e subjetividade, 64

Sexta lição – Heteronarcisismo a partir de Emerson e Nietzsche, 77

Sétima lição – *Thymos versus Eros*, 85

Oitava lição – A sociedade do fisco voluntário, 98

Nona lição – A liberdade, 109

Décima lição – Teorias da verdade e a contribuição de Peter Sloterdijk, 118

Conclusão, 129

Referências, 135

Introdução

Em 2006, Richard Rorty e eu tínhamos um encontro marcado. Aconteceria no Brasil, por ocasião do lançamento de um livro de ensaios nossos. Rorty estava com uma passagem nas mãos, fornecida para um evento em Buenos Aires e, então, como era de seu feitio, sempre muito solícito e fraterno, usaria o voo para estar também em São Paulo. Tudo estava bem-arranjado, mas o destino nos atropelou.

Já há algum tempo Rorty vinha sentindo fortes dores de cabeça. Por conta dos compromissos fora dos Estados Unidos, resolveu não ser pego por um contratempo e, por isso mesmo, procurou realizar exames médicos para observar melhor aquele incômodo diário. Logo então ele me escreveu, avisando-me de que os exames haviam detectado um câncer inoperável e incurável no cérebro. Foi um ano duríssimo para ele e para todos nós, seus amigos, até a sua morte em 2007. Recebi dele, nesse período, várias notícias, e então uma carta final agradecendo a amizade e "tudo que havia sido feito por sua obra". Veio o falecimento de Dick Rorty e, logo depois, Jurgen Habermas publicou um texto revelando o conteúdo da carta que ele havia recebido do amigo americano.

A carta recebida por Habermas trouxe uma peculiaridade proposital. Nela, Rorty começa dizendo que sofria da "mesma doença" que havia há pouco atingido e matado Jacques Derrida, amigo de ambos e, durante certo momento, membro desse triunvirato de democratas que se impôs na ligação entre América, França e Alemanha. Logo em seguida, na carta, como expõe Habermas, Rorty conta que sua filha, numa piada macabra, disse que seu câncer adveio de tanto ler Heidegger. Habermas tomou aquilo como uma forma de abrandar a notícia do câncer. Mas, como conhecia bem Rorty, sabia que não foi exclusivamente por isso. Creio que Habermas também sabia, claro. Habermas nunca engoliu a filosofia vinda de Nietzsche e Heidegger, e de certo modo achava que o que Derrida fazia era a morte da filosofia. Diferentemente de Habermas, Rorty separava de modo forte o que é filosofia e o que é posição política. Nunca viu nos filósofos que Habermas tomava como adversários outra coisa senão um deslumbrante mundo da reflexão necessária da filosofia pós-metafísica e, de certo modo, também pós-positivista, o modo de filosofar que, podemos dizer, deve estar para além da "morte de Deus" anunciada por Nietzsche.

Em meio a esse assunto, vi-me interessado por um curioso texto de Peter Sloterdijk sobre a tal carta recebida por Habermas[1]. Sloterdijk apanha as duas partes centrais citadas por Habermas, a que se refere a Derrida e a que se refere a Heidegger. Sobre Heidegger, Sloterdijk lembra o lugar-comum que é falar que alguém pode morrer de doenças da alma, na admissão de que leituras podem afetar o corpo e trazer moléstias. Admite-se aí que esse tipo de saber sobre a relação leitura-espírito-corpo, que tomamos às vezes de modo folclórico e somente como uma forma de expressão, teve lá sua história na qual foi levado a sério, mostrando o que seria, na linguagem atual, efeito de uma reação psicossomática. Assim, ler algo na linha de Heidegger, um filósofo que vive sendo acusado de pouco apreço pela democracia liberal, não seria nada alvissareiro, só poderia mesmo trazer, para liberais, algum resultado psicossomático negativo. E eis então que se iria morrer "da mesma doença" que atingiu Derrida. Câncer? Sim, mas um câncer provocado por um tumor nitidamente heideggeriano.

Com tais dados nas mãos, Sloterdijk conjectura como seria para Derrida ouvir tudo isso. O próprio Sloterdijk aproveita essas conjecturas para então dizer que tudo aí tem a ver com um saber que em

---

1. Os comentários da carta, referenciados aqui, estão em SLOTERDIJK, P. Der Denker im Spukschloss – Über Derridas Traumdeutung. In: *Was geschah im 20. Jahrhundert?* Berlim: Suhrkamp, 2016.

tempos pré-analíticos seria do campo da mágica, com resultados que hoje colocamos no campo da psicossomática ou neuropsicoimunologia. Diz então que, pela via da antropologia, seria o caso de articular de modo moderno o que, no saber vindo de crenças arcaicas, se postulava como a inexistência da morte natural. Por tais crenças, cada morte se deve a um "espírito maligno que corta o fio da vida das pessoas de forma arbitrária". Assim, "cada morte foi obra do mal, uma maldição, um veneno administrado" – no caso, "presentes filosóficos dados por um químico alemão suspeito", dono de uma prática que, se investigada, deve bater lá na antiga farmácia platônica.

Sloterdijk diz que uma tal conclusão do caso, cujo centro é a piada da filha de Rorty, pode soar "um pouco surrealista" e talvez até "intelectualmente irresponsável". Todavia, ele insiste, o peso para aceitá-la e levá-la a sério aparece ao pensarmos que a relação entre leitura e leitor tem a ver com algum processo que nossa linguagem, não à toa, às vezes relaciona com o metabolismo. A leitura seria então um ato de anexação, com consequências dramáticas. Para entendermos isso, nessa linha, diz ele, poderíamos lembrar do "aparato organicista e psicossomático", que viria de Schelling a Freud passando por Schopenhauer, responsável por circunscrever transformações de risco geradas "atrás das costas do sujeito". Formar-se-ia então, segundo esse saber, algo como que depósitos neuronais para a memória, sendo só uma parte representável, e a outra parte ficaria permanentemente no campo do irrepresentável, e sendo justamente esta a parte produtora de consequências graves no comportamento das pessoas. Assim, em uma consideração melhorada de uma teoria toxicológica psicanalítica e psicodinâmica, a vida total espiritual seria um "drama metabólico sutil". Nada senão um longo processo de venenos e antídotos.

Toda essa exposição de Sloterdijk diz muito do que ele pensa sobre o modo como devemos interpretar a vida humana. Há de se levar a sério a antropologia e, portanto, ver as articulações entre o moderno e o arcaico, os saberes mágicos e os saberes de nossa mágica moderna, as ciências. Com isso, seria bom considerar toda uma inter-relação entre as linguagens da religião, da mitologia, dos sonhos de outrora, da literatura atual e antiga, das biografias e dos casos particulares históricos, que podem bem ser tratados por alguém que, enfim, além disso tudo, conhece bem a história da filosofia. E se não se pode fazer isso como no caso de certo procedimento das ciências positivas, que colocam entre os saberes uma hierarquia epistemológica rígida, então há de se ver outros meios. O que se pode fazer é mesmo um tipo de recorrente "reconstrução fantástica", algo que, sem medo, abre portas para abordagens que soam surrealistas. Afinal, se não fosse assim, teríamos que simplesmente desconsiderar a piada da filha de Rorty, tomando-a como simples piada. Mas se todo esse saber não é evocado assim, o chiste da filha de Rorty nem como piada serviria. A piada é uma boa piada porque pode ser levada a sério, uma espécie de aviso: já se sabia há muito que a leitura intoxica, e o faz num todo, por isso mesmo há reações psicossomáticas. O saber popular sobre isso não deve ser jogado fora, mas posto nas suas transformações, no quanto se atualizou por ciência e por chiste no nosso vocabulário atual.

Esse modo de fazer filosofia, que tem com Derrida e Rorty a semelhança de também ser pós--metafísico, difere de ambos porque não se trata totalmente do procedimento da desconstrução ou do procedimento da ironia, respectivamente típicos de ambos, pois apela efetivamente para o que se pode chamar de surrealismo. Algo que parece uma terceira via entre as práticas filosóficas do argelino e do americano, práticas que se parecem por meio da "semelhança de família" – irmãos e primos são iguais de um modo desigual que não conseguimos explicar. Não sabemos bem no que se parecem e no que diferem. A "reconstrução fantástica" é o procedimento próprio de Sloterdijk, o que lhe dá um charme especial como um filósofo do século XXI, alguém que se autointitula um macro-historiador, um intelectual que diz como se pode fazer, de um modo até então impensado, a filosofia em um mundo intelectual que já experimentou ironia e desconstrução.

Primeira lição
As fases do pensamento sloterdijkiano

Peter Sloterdijk nasceu em 1947 em Karlsruhe, na Alemanha. Estudou Filosofia e Literatura Alemã em Munique e Hamburgo. Completou seu doutorado em 1976 e esteve na Índia por algum tempo, onde viveu uma experiência que ele próprio qualifica ter sido muito importante no sentido de deixar o ambiente pessimista e culpado da Alemanha. Em 1983 publicou *Crítica da razão cínica*, que vendeu 120 mil cópias só na Alemanha, depois foi traduzido e publicado em diversos outros países. Entre 2002 e 2012 fez o programa televisivo mensal *Das Philosophy Quartett*, junto com seu amigo filósofo e historiador Rüdiger Safranski. Premiado por várias instâncias com honrarias antes oferecidas a filósofos como Gadamer, Hannah Arendt e Habermas, e tendo uma vasta obra, Sloterdijk tornou-se, em 2001, reitor da Universidade de Artes e Design de Kalsruhe.

Em seus trabalhos não deixa encoberta a sua filiação intelectual à geração de 1968. Todavia, esse vínculo se estabeleceu com certa distância tanto das alas marxistas quanto das anarquistas ou de inspiração terrorista. Sente-se confortável na companhia de Nietzsche, é um reformulador ousadíssimo que escreve com Heidegger contra Heidegger, mantém-se como um leitor assíduo de Derrida e um trabalhador intelectual que, não raro, envereda por temas próprios de Foucault e pelo apreço da metodologia e disposição intelectual de Husserl. Podemos também notar nele, aqui e ali, alguma influência de Sartre. Articula saberes de todos os tipos em sua narrativa, em uma erudição profunda que extrapola o que comumente se nota até mesmo nos que cultivam propositalmente um saber horizontalmente vasto.

Uma das características marcantes da narrativa de Sloterdijk foi notada pelo filósofo Bruno Latour, que acertou ao dizer que o alemão tem um certo prazer em ler metáforas de modo literal[2]. Também tem uma predisposição para definir e redefinir certas noções, trazendo novidades inesperadas a "conceitos", digamos assim. Os modos como vê a filosofia e a

---

2. LATOUR, B. A Cautious Prometheus? – A Few Steps Toward a Philosophy of Design (with Special Attention to Peter Sloterdijk). In: HACKNE, F.; GLYNNE, J. & MINTO, V. (eds.). *Proceedings of the 2008 Annual International Conference of the Design History Society* – Falmouth, 3-6 September 2009. Universal Publishers, p. 2-10 [e-books] [Disponível em http://ghiraldelli.pro.br/wp-content/uploads/bruno-latour-design-cornwall-gb.pdf].

figura do filósofo também passam por tal oscilação. Fala do filósofo como um "médico da cultura", mas quando esperamos que daí advenha algum receituário, o que surge é a ideia de que o médico zela pela imunidade ou, melhor dizendo, pela investigação da imunidade e com a animação de espaços imunizados. Essa compreensão coloca a sua definição de filósofo caminhando junto com a sua análise investigativa sobre a Modernidade. Certamente, a Modernidade lhe é um tema caro.

Caso se possa fazer alguma periodização em relação à sua obra, é tentador colocar três grandes etapas. Uma etapa relativa ao escrito sobre o cinismo, nos anos de 1980; entre os anos de 1980 e meados dos de 1990, pode-se ver então uma alteração de rumo e a busca pelo amadurecimento de novas teses que, enfim, desabrocham montando a terceira fase, que gira em torno das imunizações e das razões da solidariedade. As lições que aqui seguem, neste livro, estão centradas nessa terceira fase, englobando alguns estudos da segunda fase.

Na primeira etapa de seu trabalho, desponta a *Crítica da razão cínica*. Nessa época, mostra-se envolto em um tema próprio dos alemães de sua geração, a investigação sobre os limites do Iluminismo, como postos pela Escola de Frankfurt, em especial o que foi feito por Horkheimer e Adorno. Buscando se libertar da Teoria Crítica, que entende, então, como paralisada e praticamente morta, traz para o centro o cinismo moderno em contraposição ao cinismo antigo. Sua ideia básica é mostrar que, se podemos tentar elaborar, ainda, alguma desideologização, temos de fazer o iluminismo do Iluminismo. Nesse caso, seria necessário ver algum elemento de contraposição aos caminhos modernos como uma certa herança do Iluminismo, que são os do cinismo e dos homens que, como Hitler, passaram a amar abertamente a catástrofe e batalharam na tarefa da autoilusão consciente. Ora, esse elemento de contraposição poderia ainda estar no cinismo, não em seu desvio moderno, mas na nossa cultura da insolência vinda da Antiguidade, como a proposta desenvolvida por Diógenes de Sínope, o filósofo cão. Este filósofo cão (daí o *kynismos*, de *kynic*, cão em grego), que quebra regras sociais, usou da parresia, a franqueza, não por meio do discurso teórico, pois este poderia ser respondido pelos filósofos do *establishment*, Platão e Aristóteles. Aliás, estes filósofos assim agiram contra os sofistas, colocando-os no canto da parede. Mas, no uso do corpo, na tarefa de um filósofo comportamental e de pouca fala comum e de nenhuma fala teórica, deu-se uma espécie de "materialismo pantomímico"[3], um modo de

---

3. SLOTERDIJK, P. *Crítica da razão cínica*. São Paulo: Estação Liberdade, 2012, p. 155 [Trad. do original: *Kritik der zynischen Vernunft*. Frankfurt a. Main: Suhrkamp, 1983].

Diógenes deixar os donos da dialética ou do método da refutação socrático embasbacados.

Aliás, essa situação é recuperada por Sloterdijk para lembrar da paralisia da Teoria Crítica diante de restos do *kynismos*. Durante as revoltas estudantis de 1968-1969, Adorno foi surpreendido em sala de aula não por um discurso de protesto, mas por uma aluna que abriu a blusa e desnudou os seios. O filósofo não soube o que fazer. Claro que esse tipo de atitude, a da aluna, é de validade datada. Uma vez continuada e repetida, gera o problema do *kynismos* como é, que é domesticado e invertido, transformando-se em cinismo. Mas o que importa nesse episódio, para Sloterdijk, é que naquele momento sua semelhança com a prática de Diógenes de Sínope se fez sentir, e ele viu ali os limites da Teoria Crítica. O líder da Teoria Crítica foi empurrado para aquilo que o senso comum pedia: chame todos de baderneiros, "fascistas vermelhos", e tudo se resolve. Ora, a Teoria Crítica tinha de fazer algo melhor do que isso. Não fez. Não tinha resposta para o *kynismos*. Agiu como o senso comum pedia.

Em uma segunda fase do seu itinerário, Sloterdijk desloca-se para uma análise da Modernidade já não tão diretamente centrada no Iluminismo. Os estudos antropológicos crescem de importância para ele. A ideia de que é necessário dar atenção para alguma coisa como "imunidade", como uma tarefa e busca do homem, se faz sentir em estudos filosóficos e históricos sobre homeopatia. Muito dessa fase está na conversa com Carlos Oliveira, publicada em *Ensaios sobre a intoxicação voluntária*, de 1995.

Na terceira fase, que engloba o projeto da trilogia das *Esferas* e outros importantes livros, os processos de imunização são tomados a partir de um estudo do espaço. Um retrato mais amplo da Modernidade parece ser um ponto de partida para a confecção dos escritos desse período, entre 1998 e o momento atual.

Sloterdijk qualifica a "formação espacial da Modernidade" como uma descrição que tem por base a ideia de que "no processo civilizacional a exterioridade substitui a interioridade". Mas isso num sentido bem específico: "Uma das características essenciais da sociotécnica é a reprodução das prestações maternas num meio não materno". Desse modo, "a Modernidade está no fato de substituirmos maternidade, no sentido lato da expressão, por procedimentos técnicos". "A mãe, a biomecenas, é substituída por um sistema artificial de mecenato." E isso, claro, porque os homens são criaturas que "dirigem as suas exigências para um meio ambiente orientado para o mimo, um mecenato biológico que graças aos outros e a uma estrutura de imunidade é capaz de proporcionar rendimentos tanto biológicos quanto sociais". A Modernidade apresenta um traço de completude, de acabamento, mas também situações de preocupação e desesperança. Talvez fosse o caso de se pensar, com olhar antropológico, que "todo infanticídio é perpetrado pelas mães", e de como as coisas podem dar errado. Então, pode-se notar a busca pela substituição de mecenatos primários por mecenatos secundários. As mães são trocadas por mães substitutas, as pessoas por deuses, máquinas e sistemas de solidariedade. Assim, num primeiro momento, a Modernidade, diz Sloterdijk, é animada psicodinamicamente pela necessidade de se "emancipar da escassez dos primeiros mecenatos maternais". Então, o "deus das religiões de redenção foi o primeiro mecenas secundário", mas também se mostra como passível de ser substituído. "A Modernidade começa pelo conhecimento do fato de que Deus pode ser substituído"[4].

Se assim é, então falar da história humana é falar das agruras desse processo e, diante da desproteção que se pode notar nessa aventura, incorporar a função do filósofo como que nota os espaços que foram postos aqui e ali para ocuparem funções de mecenato, mimo, ou seja, espaços imunitários.

---

4. SLOTERDIJK, P. *O sol e a morte*. Lisboa: Relógio D'Água, 2007, p. 174 [Original: *Die Sonne und der Tod*. Frankfurt a. Main: Suhrkamp, 2001] [Sempre que possível darei preferência à versão disponível em português].

Sloterdijk diz que ele dá o título de "médico da cultura", antecipadamente, a Platão, o "imunologista da era metafísica", pois foi o primeiro a explicar o universo, o cosmos, como uma forma de imunidade. Assim, entende que "a questão que se nos coloca é a seguinte: Como podemos nos imunizar se já não dispomos de uma forma de proteção ou de solidariedade tão forte como aquela que Platão uma vez chamou de 'cosmos' ou aquele que, entre os cristãos, se chamava 'Deus'?"[5]

Nesse caso, o filósofo torna-se um animador de lugares especiais, os lugares que se põe como imunizados. Isso porque o homem e, nesse caso, mais visivelmente o homem moderno, é alguém que se desenvolve em um interior que é um espaço de mimos.

Um dos eixos centrais da obra mais recente de Sloterdijk é, como ele mesmo diz, a busca pelas fontes reais dos atos de solidariedade[6]. Vê-se então diante de uma transmutação de sua ideia de filósofo, pois se toma como uma espécie de macro-historiador que quer entender como, apesar de

---

5. Ibid., p. 177.

6. Entrevista de Peter Sloterdijk para Frank Hartmann e Klauss Taschwer publicada na revista *Telepolis*, 08/06/2004 [Disponível em http://www.heise.de/tp/artikel/17/17554/1.html] [Há versão em inglês em SLOTERDIJK, P. *Selected exaggerations*. Malden (MA): Polity, 2016, cap. 13.

nosso individualismo moderno, não caminhamos para uma completa desagregação social – uma pergunta que também foi a de Durkheim, e que Sloterdijk assume pela via de Marcel Mauss, em especial seu estudo clássico sobre a dádiva ou dom. Vemos nisso um trabalho que difere dos que seguem os cânones contemporâneos tão difundidos academicamente, que são dados pelas matrizes da psicanálise e do marxismo. Por causa dessa situação, à primeira vista, seu trabalho pode parecer conservador, uma vez que não se adapta de imediato ao que tomamos como saber da moderna Teoria Social, a "luta de classes" e o "inconsciente". Ao ler Sloterdijk, quem fica com essa impressão está errado. Ao contrário do que pode parecer à primeira vista, seu texto nada tem de conservador. Põe-se como um social-democrata que quer uma sociedade capaz de ir além da manutenção de benefícios por meio da imposição, mas por meio da generosidade das pessoas, não necessariamente da política do Estado. Ao lado disso, Sloterdijk é um filósofo preocupadíssimo com a liberdade, chegando mesmo a dizer que talvez ela seja importante demais para ser deixada nas mãos dos liberais.

Segunda lição

Contraponto com Žižek e o projeto da esferologia

O pensador Slavoj Žižek se diz interessado em comunismo, Sloterdijk fala em coimunismo.

Žižek e Sloterdijk não são cientistas sociais, mas filósofos. Por isso mesmo, em adendo às suas maneiras de abordar fenômenos humanos, suas teorias contêm algo que pode ser lido como uma espécie de proposta. Comunismo de um e coimunismo de outro, portanto, são antes de tudo formulações quase utópicas baseadas no romance do rumo social moderno[7].

Ambos entendem que é possível falar de uma "crise da cultura ocidental". Žižek diz que está "menos interessado em procurar por 'coimunismo'

---

7. As divergências apontadas aqui entre Žižek e Sloterdijk têm como base a conversa entre eles em entrevista a Nicolas Truong, publicada no jornal francês *Le Monde*, 28/05/2011. Essa entrevista está disponível em francês na internet e em inglês no livro: SLOTERDIJK, P. *Selected Exaggeration* (Op. cit), que é versão de *Ausgewählte Übertreibungen (1993-2011)*. Berlim: Suhrkamp, 2013.

do que em reviver a ideia do verdadeiro comunismo". Esse "verdadeiro comunismo" tem a ver, ele diz, mais com Kafka do que com Stalin. Ele lembra de *Josephine, a cantora*, de Kafka, em que a moça arranca aplausos da multidão, mas não visa dinheiro com isso. Apresenta-se aí um quadro de uma comunidade igualitária "sem hierarquia e sem comportamento de rebanho". Žižek lança essa sua ideia para um futuro, mas, claro, vista como ligada ao passado histórico da humanidade. O paralelo posto é com o êxito do cristianismo; trata-se da defesa de uma comunidade igualitária enquanto um bom e natural modo de se viver. Ele diz: "represento uma religião sem Deus, um comunismo sem mestres".

Por sua vez, Sloterdijk fustiga essa tese de Žižek, claro, lembrando que esse tipo de comunidade faz surgir as conhecidas acusações de heresia e o *Index*. E heresia é, desde seu primeiro momento, imposição de seleção; portanto, o fim da igualdade inicial. Claro que, como o próprio Sloterdijk não esconde, sua leitura a respeito do comunismo coloca uma tal ideia antes de tudo como vinculada à problemática noção de "religião da humanidade", de Rousseau[8]. Sabemos bem o quanto tal

---

8. O comunismo se liga a uma ideia que remete a Rousseau, em Sloterdijk, mas isso não tem a ver com a versão da vulgata conservadora que liga a "religião do homem", do genebrino, diretamente à filosofia de Marx.

noção, derivada da ideia de vontade geral[9], serviu ao Terror francês e ao Terror leninista-estalinista. Além do mais, o sentido de "comunidade cristã", para Sloterdijk, está ligado a uma união que se faz pelo medo da morte (e que busca vencê-la), algo não muito alvissareiro como forma de unir pessoas. O medo provoca falsa união.

Se é para evocar força religiosa, Sloterdijk prefere ver as coisas por uma ótica que, como ele mesmo diz, introduza "pragmatismo" na forma de tomar as crenças. Com isso, ele explica sua proposta de um futuro possível no seu vínculo ao coimunismo. A autoimunização seria um programa perseguido pelos *sapiens*, e teria como componente o ascetismo individual, a busca de automelhoria pelo exercício. A própria história da figura da subjetividade na filosofia e na filosofia social pertenceria a essa movimentação própria dos *sapiens*. O sujeito é um esforçar-se, diz Sloterdijk[10]. Mas, para entender uma tal perspectiva, e o quanto ela é construída a partir de um paradigma que às vezes tem de ser

---

9. Vale a pena o leitor consultar, sobre vontade geral: RAWLS, J. *Conferências sobre a história da filosofia política.* São Paulo: Martins Fontes, 2012, p. 232-272.

10. Cf. a tese do sujeito com esforço dentro do quadro da autopromessa e ascese no cap. III de SLOTERDIJK, P. *A mobilização infinita.* Lisboa: Relógio D'Água, 2002. Essa é a versão para o português de Portugal de *Eurotaoismus* – Zur Kritik der politischen Kinetic. Frankfurt a. Main: Suhrkamp, 1989.

mensurado sem a régua que avalia o projeto exclusivamente político e tradicional de Žižek, faz-se necessário um pequeno desvio. Cabe aqui uma brevíssima digressão sobre o "projeto das *Esferas*".

O projeto das *Esferas* é composto de três livros básicos e alguns pequenos e grandes ensaios próximos[11]. A trilogia *Sphären* é esta: *Blasen, Globen* e *Schäume* (bolhas, globos e espumas)[12]. Em todos os três livros a morfologia fornece a ótica geral, sendo que a pergunta básica é antes a de uma neontologia e não a da metafísica clássica ou moderna. A pergunta é antes de tudo "Onde estamos se estamos no mundo?", e não mais "O que é?" tal e tal coisa. Nesse caso, emerge como central a noção de espaço, não de um ponto de vista geométrico ou físico, mas fantástico e surreal.

O primeiro volume diz respeito às microesferas, o terreno da intimidade. Sloterdijk dedica-se a uma "arqueologia da intimidade", e busca uma resposta para aquilo que eu recolho de um autor que lhe é caro, Martin Bubber. Este pensador aludiu a

---

11. Sobre o conjunto da filosofia de Sloterdijk, cf. GHIRALDELLI JR., P. *Para ler Sloterdijk*. Rio de Janeiro: Via Verita, 2016.

12. Obras publicadas pela Suhrkamp Verlag, respectivamente em 1998, 1999 e 2004. Elas também existem em inglês, espanhol e francês. Em português há o anúncio de que a Estação Liberdade comprou os direitos de publicação e até já tem pronta a tradução do primeiro volume, sem previsão de publicação.

uma espécie de "instinto de relação"[13], que apareceria em nós quando crianças, antes de qualquer "sociabilidade". Se quisermos saber disso, então Sloterdijk tem uma resposta: a investigação da intimidade segundo uma "ginecologia negativa" que vai para o interior do útero, a construção de uma "ontoantropologia fantástica" e, por fim, a confecção de nova psicologia, que nos entrega a subjetividade não mais como uma cápsula fechada sobre um habitante unitário, mas, desde sempre, um aparato de ressonância de dois polos. Somos biunidades formadas no útero pela ressonância – e o termo "sonoro" não é à toa – entre um "Aqui" e um "Com", ou seja, entre o que convencionamos, modernamente, de chamar de feto e placenta.

Segundo Sloterdijk, esse saber a respeito da intimidade se perdeu. Os modernos desenharam a consciência como algo indevassável, solitária, e geraram o indivíduo com vida privada, pertencente a uma espécie de "clube liberal"; fizeram da placenta um pedaço de carne a ser descartado. Os antigos, ao contrário, enterraram as placentas em árvores para que elas pudessem, pelo vegetal, manter vivo o parceiro de crescimento da criança; alimentaram-se de

---

13. Essa ideia foi anunciada em livro de Bubber de 1923, cuja edição alemã de 1974 deu a versão que temos em português: BUBBER, M. *Eu e tu*. São Paulo: Centauro, 2013.

placenta para não deixá-la fugir da família; criaram as bandeiras (sim, nossas bandeiras atuais) a partir de um cabo que segurava a placenta do faraó; e ainda geraram inúmeras maneiras de lidar com *daimons*, gênios e anjos da guarda, claros substitutos do parceiro que se foi. A psicologia moderna nunca entendeu direito sua própria observação sobre a presença do amigo imaginário, o quão profundo tal coisa esteve na história da humanidade, na consciência dos antigos. A história da subjetividade é, então, uma busca pela intimidade que constrói biunidades, e é também o fracasso a respeito de relações que podem bem ocorrer por conta da má formação das ressonâncias da bolha inicial.

Essa bolha inicial é sempre reperseguida pelo homem, quando este se vê de vez fora dela. Ele facilmente se torna um "*designer* de interiores", que quer sempre reestabelecer a ressonância inicial. Que não se esqueça: em alemão saco ammniótico é *Fruchblase*, ou seja, literalmente, fruta-bolha ou fruta da bolha. Esse saco é uma composição de líquido e som, ressonância, um lugar em que uma sopa de elementos se faz por sinestesia, o que irá depois facilitar a linguagem. O homem cai no aberto, diz Heidegger, este é o seu "aí", e Sloterdijk entende que o homem, então, busca novos mecanismos não uterinos de continuação e reposição de projetos de imunização. Esse aí é o mundo, a clareira heideggeriana traduzida em termos de Sloterdijk[14]. Coimunismo, pois, é palavra para a imunidade que vem da biunidade.

O segundo volume de *Esferas* faz a transição de microesfera para a macroesfera. A noção de globo substitui a de bolha, pois o que Sloterdijk tem em mente é o modo como projetos teológicos e metafísicos, proprietários na história que encosta e até adentra a Modernidade, é a da órbita. Entra-se, ele diz, na era parmenídica. Tudo é Um e o Um é redondo. Deus é uma esfera e tudo é feito a partir da visão de um globo, do círculo, da órbita. O homem precisa repor em termos macros a ideia do micro. Nesse caso, a política acompanha a metafísica e a ontologia: impérios são as formas de governo e sociedades antigas, sempre como totalidades que implicam um centro e uma periferia, formando uma orbitação, um cosmos em forma de globo. E que não se pense nas redes virtuais senão como uma forma – ainda que frustrada, como aparece no volume III do projeto das *Esferas* – de globalização! Que não se veja tal coisa como algo de aspiração tão diferente do globo universal, que

---

14. O termo clareira, em Heidegger, aparece principalmente na *Carta sobre o humanismo*, e Sloterdijk repõe essa expressão a seu serviço na comunicação de 1999, que gerou enorme polêmica. Há versão em português: *Regras para o parque humano*. São Paulo: Estação Liberdade, 2000.

nos termos da época metafísica se fez conhecer popularmente pela ideia de Igreja Católica, ou seja, uma união universal, e da expressão popular "todos os caminhos levam a Roma". De qualquer lugar se está na periferia de uma das órbitas concêntricas, e por isso todos os caminhos são raios geométricos que nos transportam ao centro filosófico e político. Sair desse registro se tornou, então, algo como uma "blasfêmia esférica". Negar a esfera em forma de órbita, globo, era negar o império e mesmo Deus. A antiesfera sempre foi obra do demônio.

Mas, sabe-se muito bem, um dia veio a revolução copernicana. O heliocentrismo mostrou ao homem sua condição de recair no aberto. Uma outra revolução o fez voltar-se para si mesmo, tentar intervir em si mesmo na busca de uma possível reconstrução da casa. Veio o abrir cadáveres, a nova anatomia, o operar-se – literal e metaforicamente. Mas esse projeto de busca de novo interior para nova imunidade tomou rumos não mais totalizantes.

O terceiro volume mostra como a forma-esfera totalizante se perde, e o que passa a valer são as pequenas células, que até podem ter alguma forma esférica, mas diversas outras, como um dodecaedro ou outro sólido geométrico. O conjunto dessas células são as espumas. Elas são de maior concentração em determinados lugares do tapete da espuma, são menos concentradas em outras. A sociedade moderna e pós-moderna não é propriamente uma "sociedade de massas", como se diz, o que envolveria espaços sem respiração, mas uma sociedade de espumas, onde a respiração, a aclimatização, o ar-condicionado e, enfim, as paredes finas caracterizam a arquitetura dos grandes conglomerados urbanos. O nome globalização, nesse caso, é algo que olha antes de tudo para o passado. O moderno e pós-moderno é espumante. Há antes uma "guerra de espumas" do que uma globalização. Os grandes edifícios e os conjuntos de edifícios nas grandes cidades mostram bem isso. Nasce aí a morfologia política. Essa situação é regida pelo notável aparecimento de patologia de esferas. Vale a pena determo-nos nisso, ainda que de maneira breve.

A análise da patologia das esferas em uma época do reino das espumas centra-se em três focos: politicológico, cognitivo e psicológico. No primeiro campo, devemos notar que as espumas tendem a ser estruturas ingovernáveis com uma inclinação em direção à anarquia morfológica. O segundo foco é o dos indivíduos e associações de sujeitos que não mais produzem qualquer mundo completo em si mesmo; tornam-se então incapazes de se verem num mundo como um todo, de características holísticas, como ocorria na era metafísica, já expirada, de círculos de total inclusão, as monoesferas. O terceiro foco, o psicológico, cobre a emergência dos indivíduos como *singles* em bolhas que tendem a perder o poder de formar espaços mentais emocionais. Há então o encolhimento desses espaços em pontos transplantados para um meio ambiente aleatório. Esses *singles* sofrem de "imunodeficiência causada pela deterioração de solidariedades". Para pessoas privadas em esferas deficientes ou na falta de esferas, a vida útil torna-se uma sentença de confinamento solitário; os egos perdem extensão, tornam-se escassamente ativos e deixam de ser participativos, de modo a apenas olharem o exterior pelas janelas da mídia, vendo paisagens em movimento. Sloterdijk lembra que isso é típico de uma aguda cultura de massas cujo movimento de imagens torna-a muito mais animada do que a maioria de seus observadores. Afinal, diz ele, "a reprodução do animismo anda junto com a Modernidade".

Esse mundo das espumas, de imunidade deficiente, não está condenado a um tal destino. A visão de Sloterdijk, que não cabe aqui detalhar, expõe como surgem novas imunizações através de participação na criação de esferas regeneradas. Quanto ao diagnóstico de nosso tempo, pode-se fazer pontes, então, com o projeto de redes de Bruno Latour, com as análises sobre desoneração (corporal) de Agamben, com a visão de Foucault como vendo os nossos tempos como uma era de ênfase no espaço e, enfim, a partir de uma perspectiva que não é "análise da mercadoria", com um certo cultivo das imagens como está na "sociedade do espetáculo" de Debord. Mas eu disse pontes, não filiações ou sinonímias.

Voltando, então, às diferenças com Žižek[15], o que se coloca em pauta é a questão da solidariedade. De fato, Sloterdijk vê o seu próprio projeto como uma narrativa próxima ao campo da esquerda. Ele afirma que "o projeto das *Esferas* examina de onde vêm as fontes dos atos reais de solidariedade". O que ele busca é compreender, a fim de expandir, a "ética da generosidade". Mas a generosidade, como ele a vê, não pode vir do sentido da religião direcionada para um neocomunismo, como Žižek advoga. Esta, para Sloterdijk, está infectada do vírus da homogeneização – o que é afirmado por Žižek em sua desconfiança para com o multiculturalismo –, que tem a ver com a herança da "religião do homem" de Rousseau. A generosidade de Sloterdijk advém do processo de coimunização que percorre o desenvolvimento espacial humano, e que tem por base a recuperação de uma psicologia enterrada pela Modernidade: a figura psicológica do homem a partir do *thymos*, o homem desenhado não apenas como um conflito entre razão e paixão. A força do

---

15. Cf. entrevista citada na nota 6.

thymos, que dá o orgulho e a identidade, inclusive e principalmente a identidade espacial, vindo da audácia de ter guardado algo que tem a ver com o espaço e com o que lhe apetece neste, é alguma coisa que não tem a ver somente com ressentimento (como Žižek acredita), claro, mas exatamente com bravura, sentido de cuidado, capacidade de colocar a fúria em favor do que se quer preservar. Essa força também tem a ver com a automelhoria, ou seja, o exercício intrínseco à ascese, o aperfeiçoamento contínuo do qual não escapamos. Afinal, Sloterdijk diz: "Onde se procura homens, encontramos acrobatas"[16]. Autossuperação e autoaperfeiçoamento são próprios da riqueza do homem.

Essa situação de vida de biunidades em ascese sob uma cultura timótica, que busca coimunidades, pode gerar, então, uma cultura da generosidade. Tem tudo para isso. Encaminha-se para isso. A coimunização é uma busca por espaço de ampliação do mimo[17], sempre necessário ao *homo*

---

16. Cf. a introdução de SLOTERDIJK, P. *Du musst dein Leben ändern*. Frankfurt a. Main: Suhrkamp, 2009. Existe versão em inglês: *You must change your life*. Malden (MA): Polity, 2013. A Editora Estação Liberdade comprou os direitos de publicação para o português, e a tradução já foi feita, mas não há data de previsão para a publicação.

17. O mimo está presente nos três volumes do projeto das *Esferas* e deve se associar aos modos da narrativa da ontoantropologia de Sloterdijk, desenvolvida no vol. III e, também, em *Nicht gerettet*.

sapiens que, enfim, não é fruto e continuidade da falta, mas da abundância. Na abundância, que é o que temos na Modernidade, como está claro na visão de Galbraith de nossa era, nada mais natural que uma cultura de incentivo à generosidade seja normal de vingar. Dar mais que receber e fazer as coisas por doação e orgulho de cuidado é mais inteligente e natural, para Sloterdijk, do que qualquer cultura que busque o Estado para cobrar impostos crescentes para afirmar que irá fazer o melhor[18]. Nem o Estado de Rawls e nem o mercado de Nozick, mas, sim, o fisco voluntário[19].

Mas, é claro, isso não cabe na mente de Žižek, ele mesmo vítima da ideia de miséria do homem em seu nascimento e em seu desenvolvimento. Ele diz que eslovenos como ele conhecem bem, e aprovam, a lenda de que um anjo aparece para um fazendeiro e diz que irá lhe dar duas vacas, e o fa-

---

Frankfurt a. Main: Suhrkamp, 2001. Essa ontoantropologia está também em SLOTERDIJK, P. *Was geschah im 20. Jahrhundert?* Berlim: Suhrkamp, 2016. Ainda sobre o mimo, há um capítulo especial sobre ele, na Modernidade, no livro *Im Weltinnenraum des Kapital*. Frankfurt a. Main: Suhrkamp Verlag, 2005. Há uma versão em português: *Palácio de cristal*. Lisboa: Relógio D'Água, 2008.

18. Cf. entrevista de 2004, reproduzida em: SLOTERDIJK, P. *Selected exageration*. Op. cit., p. 150.

19. Ideia desenvolvida com fundamentos em SLOTERDIJK, P. *Zorn und Zeit*. Frankfurt a. Main: Suhrkamp, 2006. Há versão em português: *Ira e tempo*. São Paulo: Estação Liberdade, 2012.

zendeiro concorda e fica feliz, mas logo nega ao anjo o direito deste colocar ali as vacas, pois o ser divino promete também dar duas vacas ao vizinho.

Ora, uma abordagem timótica desmonta completamente essa visão de Žižek realista-pessimista. Aliás, diga-se de passagem, Sloterdijk sabe bem que o realismo se imagina a única descrição efetivamente teórica e legítima do mundo, baseado em uma antropologia que ele chama de filiada à Internacional Miserabilista – uma ironia clara às internacionais socialistas do passado.

Terceira lição
Como nasce a noção de justiça?

Antes havia o chefe do clã, seus filhos e suas mulheres. Ele era o grande pai, só dele eram as terras, o melhor da comida e as mulheres, inclusive as que ele próprio havia gerado. Sem terra, sem a melhor parte da comida e sem mulheres, os filhos planejaram a morte do pai, e assim realizaram. Após isso, veio a culpa, expiada em torno da construção do totem que, em seguida, logo representou mais do que isso: que ninguém mais tenha a posse das mulheres só para si, que se proíba o incesto. Veio a proibição ou o tabu do incesto. Fez-se a lei acima de indivíduos. Criou-se uma regra moral coletiva, uma possibilidade de civilização.

Essa narrativa de Freud para o nascimento da civilização, a partir da criação do tabu do incesto, tem seu complemento no indivíduo por meio do Complexo de Édipo. A disputa do filho pela posse da mãe no confronto com o pai o faz se revoltar contra este, que o amedronta com a possibilidade de castração. Em determinado momento esse filho realiza, em termos individuais, o passo que o coletivo deu em torno da ida à lei moral, o tabu do incesto: o amor da mãe é de fato impossível, proibido, o que se deve fazer então é buscar outra mulher. A regra moral coletiva é, então, obedecida, tomada como "lógica"; a força do pai agora introjetada psiquicamente se faz presente. Gera-se aí algo como um eu inconsciente acima do eu, um supereu. Algo como "A lei moral em mim", sem minha plena consciência de desejos edípicos.

Uma civilização põe assim seus termos iniciais para ser civilização, ou seja, gera um *ethos*, a possibilidade de uma ética, uma regra de conduta coletiva, e assim tem conjuntamente o seu indivíduo típico de posse de uma moral, ou seja, o civilizado é uma personalidade adaptada e capaz de viver sob regras, uma vez que sabe, por si, como o imperativo moral está em seu peito. Recolhe-se as garras do desejo, ganha-se em civilidade. Tudo tem seu preço. Os primórdios da justiça estão aí estabelecidos.

Nessa história não cabe a solidariedade – o elemento pelo qual dizemos, aqui e ali, que nos faz estar juntos socialmente – senão como um algo exterior, ou como um subproduto da repressão inicial que, tomara, possa gerar sublimação. Não à toa Freud falou em "mal-estar da civilização". O desejo contido e desviado sempre espreita a civilização em formas diversas de psicopatologias fortes ou fracas.

Mal-estar? Isso não serve para a narrativa de Peter Sloterdijk. A sua está centrada no fio que vai do biomecenato ao mecenato enquanto generosidade. A mãe funciona como biomecenas e depois é substituída por mecenatos semelhantes, até uma situação, vivida agora e quiçá ampliada, de um mecenato universalizado. Tudo se inicia na relação feto-útero, depois feto-mãe, depois filhos e mãe. Em um passo posterior, então, as instituições que cuidam de filhos, e que se fazem como as mães, se erguem como necessidade social reconhecida por todos. O mimo é o elemento central dessa ressonância da díade inicial que deve perdurar, que eleva o homem da situação de mimo à de mais mimo. O espaço humano tem de ser um espaço de mimo e de imunidade, um novo útero ou um novo lugar de cuidados maternos. A justiça é isso. Essa estabilidade da ressonância contínua em situação de imunização. A injustiça é quando a mãe, em determinado momento histórico, ou melhor, pré-histórico, começa a ser sobrecarregada em vários sentidos pela proletarização neolítica, inclusive, naquele momento, pelas melhores condições que levam à potencialização da procriação, e que a faz não conseguir mais oferecer o mesmo mimo necessário a todos. Os filhos considerados invasores, os da "idade do meio", que estiveram à beira do aborto, são os que irão sempre achar que há alguma injustiça no mundo. São também os criadores ou motivadores de utopias, os lugares ideais que se formarão como grandes úteros e braços maternos, e onde o biomecenato cederá para a arquitetura a função de cobertura dos mecenas. Nesse lugar, o que se chama espaço de imunização voltará a reinar. Nesse ambiente imunizado, como uma nave espacial ou formas de invernada, todos estarão em igual medida confortáveis ou reconfortados. Não são assim as utopias?

Por essa narrativa, nenhuma morte do pai ou questões incestuais ou edípicas são as de ligação com justiça e injustiça. O desejo de justiça aparece como uma função própria de uma situação de carência que, por destino e indicação, tinha de não ter ocorrido, as mães não deveriam ter entrado em colapso. "O colapso das mães neolíticas"[20] não deveria ter ocorrido, mas a estrutura da "revolução neolítica", a forma agrária de vida, impôs certa riqueza e carência, e certa sede pelo ajustamento, pela justiça. Assim se fez a ideia de justiça para além de vingança, como em sentido moderno, e contendo

---

20. Cf. SLOTERDIJK, P. *Shäume* – Sphären III. Frankfurt a. Main: Suhrkamp, 2004.

internamente os elementos antes da solidariedade do que da opressão.

A narrativa de Sloterdijk não é mais rósea que a de Freud, é apenas menos composta de buracos. Organiza melhor o que sabemos de nós mesmos. Evita o "realismo" que, não raro, precisa nos fazer todos criminosos para nos fazer humanos merecedores de descrição em teorias. Aliás, o realismo acha que é uma teoria porque é realismo! Ora, trazendo a justiça para a questão da suficiência do mimo, Sloterdijk não deixa de incorporar também a noção de *thymos*, o lugar psicológico antigo no qual repousa a fúria pela autoestima. Sabemos o quanto a injustiça diz respeito à imagem do orgulho ferido, do desprezo.

Sloterdijk mostra que a narrativa de Freud, se por um lado pode se basear em certos conhecimentos antropológicos válidos, acaba por jogar fora uma das narrativas antigas mais significativas sobre o nascimento da civilização, a de Caim e Abel. É o segundo episódio do Gênesis. Nele não há pai a ser morto, claro. Menos ainda posse de mãe. Nesse episódio o grande crime não é o da inveja, como em geral se fala, mas o do sentimento de se ter de combater contra a injustiça, o buraco que se abre entre irmãos pelo mimo do mais poderoso. E poderoso, nesse caso, pode ser uma figura paterna, a de Deus, mas antropologicamente, sabemos, ninguém é mais poderoso perante a criança do neolítico do que a mãe[21] – como até hoje sabemos bem. Nenhum juiz humano quebra laços entre mãe e filho, como se soubesse bem, sempre, onde nasce a injustiça.

---

21. De como passamos de deuses maternos para a figura paterna e, portanto, saímos da verdade imanente (dado pelo local chamado útero) para o transcendente (caso do pai), para o metafísico tradicional, judaico-cristão, há também uma outra história.

Quarta lição
Ressonância, antropotécnica e bastardia

As perguntas investigativas básicas de Sloterdijk, no caso do projeto das *Esferas*, são duas. Primeira: O que significa precisamente "estar-no-mundo"? Segunda: Onde estamos quando estamos no mundo? Há filósofos do fora, do exterior, do aberto. Há pensadores como Sloterdijk, filósofos do dentro, do interior, do ambiente fechado. Estar no mundo é estar "dentro". Para ele, o homem é um "*designer* de interiores", desde sempre, e compreendê-lo é compreender sua domesticidade, sua morada, seu ambiente imunológico. É necessário aqui ter em mente a observação de Heidegger de que enquanto a pedra é "sem mundo" e o animal é "pobre de mundo", o homem é justamente o "construtor de mundos". O homem só é homem como doméstico e o ambiente doméstico é mundo enquanto mundo do homem. Essas palavras, no caso de Sloterdijk, valem ontogenética e filogeneticamente, ou seja, tanto para a história do indivíduo quanto da espécie.

Tomando a história do indivíduo, o que vale investigar é o que regra o interior humano: ressonância[22].

A ressonância é o termo que Sloterdijk introduz para a sua crítica da metafísica clássica, tanto antiga quanto moderna. Considera problemáticas as visões substancialistas e individualistas[23]. Estas são as que descrevem, no ponto de partida, o homem isolado e, então, gastam todo o resto da energia intelectual filosófica nesse enigma, tentando explicar algo como a natureza humana ou coisa semelhante. Afinal, devem explicar como o prodigioso bípede-sem-penas chega à conversação e às relações de construção de mundos. Sloterdijk também observa impasse nas visões que socializam ou ressocializam o homem por meio da linguagem enquanto elemento de interação, exatamente porque tais visões acrescentam o Outro abruptamente, que se assim aparecesse não traria nenhuma efetiva alteridade e não poderia explicar a interação. Desse

---

22. Esse tema é principalmente tratado em SLOTERDIJK, P. *Blasen* – Sphären I. Frankfurt a. Main: Suhrkamp, 1998.

23. Cf. SLOTERDIJK, P. *O sol e a morte* – Diálogos com Hans-Jürgen Heinrichs. Lisboa: Relógio D'Água, 2007, p. 120-130 [Original: *Die Sonne und der Tod*. Frankfurt a. Main: Suhrkamp, 2001].

modo, Sloterdijk descarta as escolas oriundas de Descartes e as que foram catalisadas em Habermas ou por Habermas. A palavra ressonância aparece no contexto da noção de esfera, buscando solucionar e/ou evitar esses problemas originalmente metafísicos.

Uma boa descrição dessa saída de impasses metafísicos, proposta por Sloterdijk, pode ser feita levando em consideração a frase de Martin Bubber, que diz que as crianças têm o "instinto de tudo transformar em tu"[24]. Também Sloterdijk advoga essa espécie de sociabilidade antes de qualquer vida social. Concorda com Lacan que a vida psíquica só se explica se levamos em conta o Outro; todavia, ele não põe na conta da alteridade somente a simbologia e a linguagem, mas toda a situação que estabelece, antes disso, a ressonância. A ressonância guarda um "Com" e um "Lá" que fabrica uma esfera que, no caso do pré-nascimento, é o próprio espaço uterino. O futuro bebê e sua companheira e ampliadora, a placenta, junto com elementos vários e o líquido amniótico, formam um local que potencializa relações sonoras que são antes de tudo relações sinestésicas. Essa sinestesia dos gêmeos (bebê e placenta) acentua-se e recebe logo a mensagem evangélica, as boas-vindas enquanto "boa-nova".

---

24. BUBBER, M. *Eu e tu*. São Paulo: Centauro, 2013, p. 67.

Nesse interior há o grande aprendizado contínuo de vida conjunta e de, digamos, certa disposição crítica. A sinestesia prepara o ouvido, ainda no útero, para o não enlouquecimento que seria ter de escutar todos os sons interiores, inclusive a barulheira do corpo da mãe. Há aí um iluminismo, um ouvido crítico, que distingue e escalona, e que o faz segundo o que aprende da alteridade, da proteção e aumento de seu gêmeo.

Quando há a passagem do líquido para o meio que é o ar e, então, a placenta se despede, inicia-se a recomposição da esfera. Há a busca de novas ressonâncias para a continuidade da esfera. O som interno do próprio bebê e outros elementos e sons devem agora ser substituídos pelo que a sociedade antiga poderia chamar de gênio ou *daimon*, que outros chamaram de anjo da guarda, que sobrevive logo em seguida no "amiguinho" imaginário. A ressonância precisa continuar. Entram outros elementos na ressonância, ampliando os limites da esfera: a mãe e não mãe, o pai etc. Todo esse trajeto de afazeres ganha o mundo psíquico a partir da preparação sinestésica em continuidade com a sonoridade, e arrumam e desenvolvem os elementos simbólicos. Quando a linguagem aparece ela encontra um ser duplo que a desenvolve à custa de uma alteridade feita pela vida essencialmente ressoante que, por si, faz existirem os polos da esfera protetora, imunizadora. A alma nunca é solitária, se tudo corre como o esperado, muito menos sobrevive num "fora".

A Modernidade, com a sua cultura individualista e isolacionista, jamais deu a devida importância para as narrativas sobre *daimons*, anjos e práticas de proteção da placenta capazes de gerar uma cultura de guarda da simbiose e alteridade do interior da esfera. Por isso sua narrativa, que privilegia a ideia de "clube liberal" e não de vida comunitária, escorrega para descrições cartesianas e habermasianas. Funciona aí, digo eu, como uma ideologia que não nos deixa ver que somos sempre gêmeos. Diferentemente, a ontologia de Sloterdijk é sempre ontologia do Dois, nunca do Um. Assim, com o filósofo alemão, o problema metafísico do homem isolado em busca de sua natureza ou então ressocializado magicamente pela linguagem é posto de lado.

Sloterdijk faz toda essa narrativa por meio de instrumentos descritivos literários, mitológicos, antropológicos, filosóficos e, principalmente, com o conceito de não objeto, do antropólogo e filósofo alemão Thomas Macho. Inventa o que chama de "ginecologia negativa", para adentrar o útero e lidar com não objetos próprios de ambiente onde não há sujeito. Há aí toda uma investigação, em termos da ontogênese, a respeito do "sujeito antes do sujeito". Trata-se de uma espécie de "arqueologia da intimidade". Essa narrativa é fundamental para, depois, se entender a narrativa a respeito da sociedade moderna e pós-moderna a partir da descrição da subjetividade[25].

A narrativa da ressonância se complementa na abordagem de Sloterdijk no qual surgem as antropotécnicas.

A antropotécnica é o termo cunhado por Sloterdijk para se livrar de barreiras criadas pelas divisões entre "natureza" e "cultura" ou mesmo "biologia" e "história", especialmente na sua disposição em aliar com a ontogênese uma coadjuvante filogênese. Livrando-se do folclórico "elo perdido" entre o homem e um suposto animal parente do macaco, e utilizando-se de uma terminologia de Heidegger para caminhar por trilhas que este jamais andaria, ou seja, o campo antropológico, Sloterdijk pretende criar o que chama de narrativa antropológica "fantástica".

O objetivo básico, nesse caso, é falar do *Dasein*, o ser-aí, sem se envolver com o que teria sido

---

25. Os principais livros sobre esse assunto são: *Sphären I* – Blasen. Frankfurt a. Main: Suhrkamp, 1998. • *Die Sonne und der Tod*. Frankfurt a. Main: Suhrkamp, 2001. Também vale a pena consultar os ensaios sobre a mudança de meio do homem (que remete a Sócrates) e ao *cogito* sonoro (que remete a uma crítica de Descartes) no livro *Weltfremdheit*. Frankfurt a. Main: Suhrkamp, 1993.

o tropeço de Heidegger, pressupor de alguma forma o homem antes de falar dele. Não há nenhum homem sem antropotécnica e não há nenhuma antropotécnica sem se fazer enquanto dispositivo incessante de criação do homem. Antropotécnicas são técnicas de geração do homem que o fazem existir e jamais parar de alterar-se. Do útero conformado na produção de seres de grande cabeça (somos sempre parecidos com fetos) à engenharia genética, passando por inúmeras técnicas de ascese (religiosa, atlética e intelectual) e pela mão mecânica – eis aí as antropotécnicas.

A esfera ressoante é, agora, o ambiente doméstico do homem enquanto elemento da filogênese, e as antropotécnicas são tudo o que permite a própria esfericidade, um ambiente surreal de desenvolvimento do humano. As antropotécnicas básicas, que participam da narrativa filogenética, se fazem por quatro mecanismos: *insulação*, *exclusão corporal*, pedomorfose ou *neotenia* e, por fim, *transferência*.

A insulação é o efeito de causas variadas que, enfim, permitem a criação de espaços interiores. Um terremoto pode isolar uma população de animais de seus predadores. Uma colônia de elementos em simbiose pode tornar alguns elementos em paliçada para gerar um dentro e um fora. Em suma, há vários acontecimentos capazes de forjar invernadas naturais. Tais invernadas são ambientes que facilitam a vida dos que ficam no seu núcleo. O interior garante uma situação de mais estabilidade, de melhor clima e imunidade. Torna animais antes gregários e nômades em animais capazes de terem progenitoras que se transformam em verdadeiras mães, e que podem cuidar de suas crias, então tornadas infantes. É possível até dizer, quase como querendo burlar os darwinistas sociais que fazem a apologia do mais forte (uma variação do mais adaptado), que o processo de isolamento é que criou a possibilidade de as mães serem mães, de cuidarem das crias fazendo vingar também os filhos aparentemente menos fortes e em princípio desadaptados. Mas de modo algum esses eram os mais pobres ou mais carentes de dotes e possibilidades.

O segundo mecanismo, o da exclusão corporal, é o que se consegue quando o hominídeo toma ciência de que a pedra está à mão, e que esta parece solicitar seu lançamento. Ela se faz interposta entre ele próprio e outro elemento natural. O corte, o golpe, a batida e tudo que se pode fazer com uma pedra na mão é o que coloca um interposto positivo entre o hominídeo e aquilo do qual ele não quer se aproximar, do qual quer escapar. Mas não se trata aí de uma fuga simples, mas de um modo de evitar o contato corporal, sendo que a pedra é o que é possível de ser colocado entre o corpo e o objeto. O contato com a pedra exclui o contato com o corpo no trato com as coisas. Então, "a técnica transforma o esforço em soberania". Sloterdijk parafraseia corretamente Wittgenstein: "Os limites dos meus lançamentos são os limites de meu mundo". Eis que o mundo como meio ambiente já está se desfazendo e se recompondo como mundo propriamente dito (lugar histórico e geográfico do homem criado pelo homem). O hominídeo como lançador, operador e cortador é um quase "produtor do claro", para usar uma expressão de Heidegger[26], seguindo de perto Sloterdijk. Afinal, "o golpe preciso pré-forma a frase". "O tiro certeiro é a primeira síntese do sujeito (pedra), cópula (ação) e objeto (animal ou inimigo)." "O corte completo prefigura o juízo analítico." "As frases são como mimese de lançamentos, golpes e cortes no espaço dos signos, e delas as afirmações imitam lançamentos, golpes e cortes com êxito, enquanto que as negações surgem da

---

26. Heidegger diz que as plantas e os animais estão mergulhados no seio de seus ambientes próprios, "mas nunca estão inseridos livremente na clareira do ser – e só esta clareira é 'mundo' –, por isso, falta-lhes a linguagem". Não é porque lhes falta a linguagem que eles são sem mundo. Linguagem não é expressão de ser vivo. Linguagem é "advento iluminador-velador do ser". Ela vela o ser, ilumina-o. "A clareira em si é o ser." Clareira é ser, é mundo, e a linguagem que vela o ser, ilumina-o, é a "casa do ser". Quando Sloterdijk diz que se está produzindo o claro (no lançamento da pedra que é análogo à linguagem), ele está dizendo que está se produzindo o ser, o mundo, pois ao se produzir a linguagem se está produzindo a casa do ser. Cf. HEIDEGGER, M. *Carta sobre o humanismo*. Lisboa: Guimarães, 1987, p. 48-60.

observação de lançamentos errados, golpes falhos e cortes frustrados." Desse modo, "quem não quer falar de pedras deve se calar sobre o homem".

O terceiro mecanismo evolutivo dá-nos os efeitos mais misteriosos. Nesse campo ocorre a pedomorfose ou a neotenia. Nascem por essa via os aspectos que estarão mais relacionados com a subjetividade humana. Os traços psicológicos associados aos morfológicos e fisiológicos se mostram segundo esse mecanismo, que implica se aproveitar do espaço de invernada, no qual já há os primeiros instrumentos para impor uma "inversão da tendência à seleção". No espaço de invernada, diz Sloterdijk, "não sobrevive o mais apto no sentido da confirmação de atitudes diante das circunstâncias do meio ambiente que são mais duras, senão o mais afortunado no sentido daquele que conseguiu aproveitar o clima e as oportunidades internas da invernada". Ou seja, a evolução humana se produz, em boa medida, em um meio grupal que mostra a tendência a "recompensar variações esteticamente favoráveis e cognitivamente mais potentes". A partir daí, "o homem se encaminha para a beleza, concedida como prêmio bioestético à distinção". A verticalidade, antes de tudo, é um fruto estético. O belo é a bússola evolutiva.

No âmbito da atuação desses mecanismos, efetuam-se as chances do futuro *sapiens* incorporar traços infantis nos adultos da espécie – isso é a neotenia. É visível que na evolução do homem há uma acentuada entrada de traços fetais, que então se mantém na aparência adulta. Afinal, o espaço de invernada funciona como um útero externo, dando oportunidade de sobrevida aos nascidos com características fetais, como o cérebro grande na proporção com o corpo, a dilatação do tempo de aprendizagem, ou seja, tudo que força a continuidade da simbiose pós-natal com a progenitora transformada em mãe. As qualidades do recinto humano que "mimetizam o útero se estenderam mais tarde aos adolescentes e aos membros adultos dos grupos, e induziram também neles tendências ao retardamento do aparecimento de formas maduras". Talvez possamos dizer que isso tem a ver com a plasticidade do homem, que é um animal que aprende durante toda a vida, enquanto que outros mamíferos encerram rapidamente o período de aprendizagem e se enrijecem.

Por fim, o quarto mecanismo é o da transferência ou transporte. Esse mecanismo ocorre quando os grupos insulados são invadidos e o local próprio de produção do elemento homem é devastado. Nessa situação, já completamente histórica, o homem transfere o que viveu de bom para a nova situação, mas agora no âmbito da criação de uma imunologia simbólica e psicológica. Recorda-se das situações anteriores de proteção e dá abertura para o nascimento das "religiões reparadoras". Os mecanismos de transferência fazem com que qualidades do primeiro espaço sejam transportadas para as novas condições, em geral de emergência, de um espaço estranho. Surge então o homem como aquele que se amolda a novas situações, aceitando o que não lhe é campo próprio.

Por esses quatro mecanismos que são as antropotécnicas básicas no campo filogenético, o desdobrar do mundo como *mundo interior* ocorreu, entre várias coisas, principalmente pelo acalentar vindo de progenitoras que se transformaram em mães, as autoras das promessas impossíveis, as quase mentiras do "tudo vai ficar bem", quando ocorre algo ao bebê. Essa é a promessa incorporada e, então, tomada como autopromessa pelo indivíduo. Ela é o que Sloterdijk tem em mãos para elaborar sua narrativa de naturalização do sujeito. Mas essa promessa tornada autopromessa não seria possível sem que o homem não tivesse sido aquele que incorporou seus traços infantis. Não só por conta de situações de mal nascimento, que se tornaram próprias, mas pela imaturidade geral que permanece na nossa condição de humanos adultos. Só imaturos podem tomar a promessa "tudo vai ficar bem" como alguma coisa que realmente acalenta, e só ingênuos poderiam fazer esforços próprios saídos da assunção dessa promessa como autopromessa.

O homem é adulto à medida que é eternamente infantil, ou seja, constituído como homem segundo um modelo em que traços de infante perduram. Sua condição de sujeito, então, nessa forma de narrativa em que o sujeito é naturalizado, é efeito de duplo fator evolutivo: sua passagem de cria a infante e suas características de infante na sua constituição adulta. Em termos amplos, ser sujeito é ser criança *no* adulto[27].

Junto da ressonância e das antropotécnicas, Sloterdijk cria também, para efeitos de verificação das mudanças históricas inovadoras, a noção de bastardia. A bastardia[28] é um termo pelo qual Sloterdijk usa para descrever processos de mudanças com rupturas. Afinal, mudanças são desfiliações. Trata-se de algo que está pressuposto nos projetos pré-modernos, os que indicavam o adven-

---

27. Podemos ver as antropotécnicas funcionando em toda a obra de Sloterdijk. No que se refere especificamente aos casos aqui descritos, os livros principais são basicamente dois: os ensaios nitidamente antropológicos contidos em *Nicht gerettet* – Versuche nach Heidegger. Frankfurt a. Main: Suhrkamp, 2001, e pelos estudos sobre "filosofia do nascimento" de *Eurotaoismus* – Zur Kritik der politischen Kinetik. Frankfurt a. Main: Suhrkamp, 1989. *Nicht gerettet* tem uma versão em espanhol e *Eurotaoismus* tem uma edição em português de Portugal.

28. É o que se encontra em SLOTERDIJK, P. *Die schrecklichen Kinder der Neuzeit*. Berlim: Suhrkamp, 2014. Esse livro também possui versão em espanhol: *Los hijos terribles de la Edad Moderna*. Barcelona, Siruela, 2015.

to da vida individual. São Francisco é trazido à baila por Sloterdijk.

A história de Francisco é conhecida. Desobediente, ele passou a gastar a fortuna de seu pai em benfeitorias para padres e necessitados. Então, foi levado pelo pai diante do bispo, na praça da cidade italiana de Assis, para que o sacerdote lhe desse um corretivo. O pai esperava que o jovem tomasse de modo correto as obrigações da filiação, mas o que ocorreu foi algo completamente diferente disso. Francisco abdicou do dinheiro do pai e de tudo o mais, e num gesto simbólico de grande impacto abandonou suas vestes para então negar a ascendência. Seu pai não seria mais o da Terra, e ele invocaria, então, diretamente o pai celeste, o "Pai nosso que estais nos céus". Completamente nu, ele mesmo se fez bastardo, deixando de lado genealogia, tradição e filiação, ou seja, qualquer mediação, e passou a uma ligação direta com o Absoluto.

Francisco de Assis não foi o único que decidiu por esse tipo de vida. Ele apenas foi o que ganhou o direito de levar adiante o simbolismo. Na verdade, de sua época para diante, a tarefa de *imitator Christi* tornou-se uma prática de muitos. Os jovens rompiam laços familiares e tentavam se recolher em monastérios ou mesmo em lugares-comuns, às vezes segundo uma decisão laica, para viver como Jesus, na simplicidade. As ordens mendicantes se fizeram em conjunto com práticas individuais mendicantes, independentes da profissionalização eclesiástica. Era como que a inauguração do indivíduo moderno, ainda que de um modo paradoxal. Para poder ser único e, portanto, mostrar-se como um eu bem recortado, a implicação necessária era a de abrir mão de tudo, transformar-se num completo despossuído. A humildade máxima deveria compor a individualidade máxima. Para não mais sustentar filiação paterna e, então, poder iniciar a verticalização e chamar a Deus de único pai, o passo era não subir, mas descer ao máximo, talvez aos infernos, na vida mais sem luxo possível. Não à toa, conversar com os animais podia ser algo bem-visto. Igualar-se com o que nem mesmo humano era. Não era um sinal de verdadeira humildade?

Francisco deixou dois ensinamentos que mostram bem como que ele plantou a semente da subjetividade moderna ou, digamos, do indivíduo, e isso de modo bem peculiar. É dele o ensinamento de que "quem a tudo renuncia, tudo receberás". Também é dele a máxima "tome cuidado com a sua vida, ela pode ser o único evangelho que outros irão ler". O primeiro ensinamento é aparentemente um paradoxo: Como posso receber se renuncio? Seja lá o que eu vier a ganhar, tenho de renunciar e, portanto, o que de fato ganho? Mas o ganho é a renúncia. Eis aí o segredo. É na autoanulação que emerge o indivíduo na sua imitação de Cristo, formando uma personalidade nova e dando sequência a uma autorrealização que, por assim ser, forja uma incubadora da subjetividade moderna, ainda que, claro, tal autorrealização seja apenas uma não realização.

O segundo ensinamento diz respeito à prática dessa vida individual. Ela própria, como o que se realiza na paradoxal meta de não ter metas pessoais, é a Boa-nova, ou seja, a mensagem evangélica. O devoto é tornado uma espécie daquilo que se tem para mostrar nas cidades. Por nada apresentar de especial torna-se tudo o que há para se apresentar. Francisco dizia que o Evangelho deveria ser pregado em todos os momentos, e "de vez em quando em palavras". Ou seja, o Evangelho pregado era, na verdade, a vida. A prática deveria substituir as preleções, embora até essas pudessem ser feitas segundo certas necessidades de momento. Não à toa, quando nos referimos hoje a São Francisco de Assis, o mostramos conversando com os que não falam; são os animais, mas estes dão a entender o que querem pelo comportamento. Animais e franciscanos são o que são por comportamento. São para serem lidos por nós ao observarmos seus comportamentos. Francisco desceu ao máximo e se pôs na condição de animal, justamente por um ato de bastardia. Muitos foram junto com ele, mas fora da Igreja, como leigos e protossujeitos modernos que, por terem contato direto com o Pai, não formavam tradição ou nova genealogia. Terminavam ali mesmo, na Terra, a ligação mística com Deus, conquistada graças à formação de um eu cuja característica era a de não se enaltecer. Isso, de fato, se transformou em uma grande preocupação para a Inquisição, bem antes de a Reforma começar a apontar a sua cabeça.

Mestre Eckhart deu sequência a feitos do tipo de Francisco. Introduziu uma problemática agostiniana, a da emergência do "homem interior". Podemos ir do homem exterior ao homem interior se temos maturidade para tal. Podemos cuidar de tudo que é exterior e, por isso mesmo, sabermos distinguir nosso eu interior que se liberta de si mesmo e se volta para si numa perda que é um ganho. O mandamento dessa mística, se pudesse funcionar em uma paráfrase do que veio depois, com Descartes, assim se expressaria: "Desapareço, logo sou".

Sloterdijk toma essa virada de Eckhart como um indício da bastardia ou, melhor dizendo, como a decisão de não criar linhagens, vinda de todos que se deixaram infectar pelo vírus da imitação de Cristo. Pois uma repersonalização, desse modo, começa e termina no indivíduo. Não há aí vinculação escolar, ensinamento de dinastia, ainda que, diferente de muitos, Eckhart fosse de uma linhagem, a dos dominicanos. Mas, também naquela época, a Inquisição já estava bem preocupada com essas ordens, a dos franciscanos, a dos dominicanos e outras, todas elas voltadas para a extrema pobreza, para a ideia da vida como evangelho. É como se toda a prática de ser filho de Deus pudesse ser levada adiante por outros, fora do campo da própria Igreja. Ora, sabemos bem no que isso deu, quando chegaram os tempos de Lutero. Dos tempos de Francisco a Eckhart, espraiou-se uma motivação para que muitos se excitassem com a ideia um tanto paradoxal de terem uma vida de não excitação.

Quinta lição
Sociedade da leveza e subjetividade

A noção de sociedade da leveza[29] requer atenção. Para ser corretamente entendida, deve vir aliada à ideia de "insustentável leveza do ser". Ou seja, nossa sociedade moderna e pós-moderna é leve, mas, por isso mesmo, se torna, não raro, sem ar. Cumprimos com nosso destino de verticalização. Subimos muito e alcançamos camadas de rarefação. Procuramos, então, alguma âncora, algum peso para nos agarrarmos de modo a não voar a esmo e muito alto.

Essa leveza, em seu rosto duplo, é bem significativa no momento em que, pelos processos de bastardia, formamos o indivíduo e a própria noção de sujeito moderno e de subjetividade de nossos tempos. Por um lado, o sujeito moderno é o em-

---

29. Essa noção se desenvolve ao longo do capítulo 3 de SLOTERDIJK, P. *Shäume* – Sphären III. Frankfurt a. Main: Suhrkamp, 2004. Esse capítulo é base para nosso tópico.

preendedor que se desinibe por meio de elementos racionais contidos em si mesmo, ou solicitados a seus consultores, de modo a ser o ator que vai da teoria à prática. Nessa hora, ser sujeito é, também, ser aquele que tem segundos pensamentos, que ninguém sabe direito o que pensa e, então, pode surpreender. Muitos chamam isso de liberdade inerente à autonomia do homem, principalmente do homem moderno[30]. Esse mesmo homem moderno, como sujeito, toma a liberdade como a consciência da necessidade. Por outro lado, a subjetividade moderna é também a busca da desoneração completa, a fuga da sociedade em busca de um eu sem máscaras sociais, um eu natural no qual o coração sincero tenha contido inscrições da bondade original. Busca-se então a liberdade no devaneio, no descompromisso, no completo esquecimento, na ultraindividualização[31].

O sujeito moderno é representado, em Sloterdijk, pelos Jesuítas. Eles são desinibidos pela tarefa da Contrarreforma e promovem uma empresa que

---

30. Cf. o cap. 11, "A invenção da subjetividade", de SLOTERDIJK, P. *Palácio de cristal* – Para uma teoria filosófica da globalização. Lisboa: Relógio D'Água, 2008. A publicação original é: *Im Weltinnenraum des Kapital*. Frankfurt a. Main: Suhrkamp, 2005.

31. Cf. SLOTERDIJK, P. *Stress und Freiheit*. Berlim: Suhrkamp, 2011. Há versão em inglês: *Stress and freedom*. Malden (MA): Polity, 2016.

conquista o poder se pondo a serviço do papa. Mas a subjetividade moderna na sua característica desonerada é, para Sloterdijk, representada por Rousseau no Lago Biel, abandonado em devaneio e, sem passado ou futuro, é levado pelas ondas e pelo seu som cadenciado. Para apontar o sujeito, Descartes usou o "penso, logo sou", enquanto que Rousseau usou, inusitadamente, o não penso, logo sou.

Essa face de Janus do sujeito moderno, requisitando desinibição e oneração por um lado, e, por outro, desoneração e retiro, se coaduna bem com a sociedade da leveza. Essa sociedade nasce do processo de filogênese e ontogênese de um bípede sem penas que é um *designer* de interiores" e que só pensa em pôr e repor espaços de mimo. Quer recolocar o "dentro", seu "mundo", sua domesticação no luxo e conforto. A Modernidade e a Pós-modernidade são, de fato, uma situação alvissareira à medida que refaz as invernadas especiais: criamos cidades, apartamentos, prédios e toda uma arquitetura que chega até mesmo ao condicionamento do ar, criando atmosfera, e que se integra pela comunicação via satélite ou por redes que dizemos "online" como sinônimo de *on air*. Estamos nisso a um passo da leveza como horizonte real. Ou já na própria leveza. Essa leveza é um dado sociológico, e historicamente aquela mostrada na *affluent society* de Galbraith, que Sloterdijk segue.

É útil lembrar aqui as conclusões de Galbraith. Três elementos se destacam e fazem do nosso mundo um mundo de benefícios e luxo jamais visto: em duzentos anos o número de horas de trabalho do mundo todo caiu vertiginosamente, gerando um tempo livre jamais imaginado para tanta gente; nas últimas décadas os jovens foram assumidos como crianças, e a própria infância e adolescência se expandiram quase que se confundindo com a idade adulta, o que proporcionou ao mundo um novo apreço pela ludicidade, já requerida pelo tempo livre; por fim, veio a capacidade de nos livrarmos do sexo atrelado à natureza, desonerando a mulher e transformando a atividade sexual em máquina portátil de divertimento. Integra-se o sexo no mecanismo já pedido pela ludicidade expandida. Todas essas condições, que fazem parte da vida moderna contemporânea, são provocadas pela sociedade da superabundância, e ao mesmo tempo a caracterizam. Essa sociedade baseada na expansão da classe média unificou gostos, estilos, comportamento, educação e até mesmo o trabalho. A fronteira entre o trabalho e o jogo se perdeu. O jogo já não é mais somente o elemento usado, na dinâmica de grupo, para educar relações de trabalho; ele é inerente ao próprio treinamento do trabalho e ao próprio trabalho. O cume disso é a guerra como jogo de *videogame* e o *videogame* como jogo de guerra. Não há distinções.

Essa é a sociedade do luxo, da possibilidade da "miséria americana" se fazer sem apresentar mendigos ocidentais que tenham algo a ver com qualquer característica dos pobres da África. Trata-se da sociedade do descarte, do excesso de lixo e até da chamada "exportação do lixo" (há navios cruzando os mares por anos, tentando acomodar em algum lugar o lixo tóxico dos países ricos) ao mesmo tempo em que expõe o excesso de luxo. Essa Modernidade tem em seu seio a individualização que convive com a sociedade de massas, onde o indivíduo se vê como mais real do que aquilo que está à sua volta, onde pais e filhos não se distinguem, onde horas de trabalho e lazer se fundem no lúdico-trabalho. Nesse espaço, se não há nenhum entretenimento imediato à vista, pode haver então o sexo solitário ou virtual, o que em geral dá no mesmo.

O sucesso do esporte e outras maneiras de voltar a ter peso, em busca de *performance*, denota a busca de, na leveza, readquirir alguma coisa que nos diga que estamos no real. Se o reino da necessidade desaparece, nós o recriamos numa fantasia que se faz real por meio de religiões punitivas reintroduzidas, pela esportização do mundo, pelo ativismo e tarefas de todo tipo que ganhem a aparência da seriedade de antes (i. é, peso) quando achávamos que trabalhávamos em função de algo seriamente necessário.

A introdução de algum peso na leveza da sociedade é significativa principalmente na opção de jovens ocidentais pelo terrorismo que se diz islâmico. Em um vídeo que correu o mundo por conta de atentados terroristas em Paris, em 2015, um jovem ocidental, convertido ao Estado Islâmico, dirige um carro que arrasta vários cristãos e outros "infiéis". No vídeo, ele explica: "Antes eu vivia puxando *skates* e carrinhos de rolimã, agora eu puxo esses infiéis". É como se dissesse: saí da vida fútil, agora faço algo duro e imponho a dureza, volto a trazer peso ao mundo. Que ninguém faça pose de Ícaro!

Junto com Sloterdijk podemos dizer, então, que "o fim da força de gravidade" nos conduz a uma nova era, a da "distensão da subjetividade" diante de todas aquelas veneráveis definições de mundo afeitas à invocação da seriedade. Para falar em termos metafísicos: a substância monótona e pesada é então infiltrada pela leveza e pela ambiguidade. O nome utilizado por Sloterdijk é "giro em direção à leveza", que leva a Modernidade a um "experimento de levitação expansivo e transcultural". Admite-se então que o "conceito de civilização tem como premissa o de antigravitação", isto é, trata-se da imunização diante da gravidade, da supergravidade que funciona como uma força paralisante das ações humanas desde sempre. Todavia, é justamente nessa situação que aparece a criação da simulação da necessidade, já que esta parece perder sentido.

Surgem os fenômenos da recuperação da disposição heroica em uma situação em que qualquer heroísmo não significa mais nada. Sloterdijk fala do personagem que comentou que a Primeira Guerra existiu para que ele pudesse provar que não era um covarde. Seguindo meus pensamentos, podemos lembrar algo como a viagem do jovem William James ao Brasil, uma forma de ir para uma aventura de homem adulto e, assim, compensar sua debilidade que o impediu de participar da Guerra Civil Americana. Nasce aí a reoneração intencional. O homem não consegue admitir a despedida da necessidade, ainda que, desde seu surgimento, ele já apontasse para uma leveza que outros seres nunca conheceram. Assim, "no desporto, no consumo, nos empreendimentos e, recentemente, também nos ativismos sociais outra vez" se chega a uma "conjunção de trabalho e jogo" não previstos. Sloterdijk cita Nietzsche para endossar uma maneira quase próxima da ideia de "masoquismo primário" como uma explicação para essa situação. Nietzsche é quem diz que "o ser humano sente autêntica voluptuosidade em deixar-se forçar por demandas excessivas".

Os tempos contemporâneos nos dizem que a existência desarmada tem falta de juízo crítico interno, e daí surge o sujeito que se sente exposto a uma desoneração banal. Sua leveza se mostra quase como que um dano. Sente-se como que separado do que realmente poderia lhe causar um dano. Torna-se indiferente a si mesmo, e com certa razão, uma vez que a maneira que vive coloca tudo o que empreende como fácil e, então, não real. Afinal, o real tem que ter peso! Uma vida sem comoção entedia. O tédio nada é senão um experimentar o tempo como dilatação interior, uma vez que não se chega a nada significativo. Surge o animal sem missão, que precisa então engajar-se em algo e se fazer entusiasmado, ainda que artificialmente. É necessário matar o tempo preenchido pelo tédio, mas isso nada é senão mais tédio infestando toda a existência. O desonerado perde o sentido de existência, pois tudo que entendia como existência dependia de algum esforço, algum peso. Assim, o tédio profundo é a "inexistência realmente existente". O homem mostra-se um "Atlas negativo", aquele que na existência inexistente tem que "suportar a total falta de peso do universo". O ter-que-fazer-agora é amputado do mundo.

A Modernidade é a época da expansão da ideia de que o dinheiro traz para casa, e também bota para fora de casa ou simplesmente faz desaparecer, tudo que antes possuía identidade fixa. Sloterdijk nos convida para ver que essa situação não é de oneração, mas, se comparada com o regime de pertença, uma realidade mais desonerada. Nessa passagem para o universo do dinheiro, todas as dimensões essenciais do ser são modificadas por meio da transmissão monetária. Há acesso a lugares antes jamais pensados como espaços de nossa frequentação, e para tal basta nos colocarmos como compradores de títulos de transporte, ou como usuários da mídia; há acesso aos bens materiais, se nos colocamos como os usuários de meios de pagamento os mais variados; além disso, encontramos mais pessoas se exercitamo-nos nessas duas práticas. Em uma situação pré-moderna, todos esses acessos estavam restritos a grupos e, no interior desses, não raro, impossível para todos.

Sloterdijk diz que "a vida do mercado demole convicções, os monismos e as originalidades brutas, substituindo-os pela consciência de que existem sempre possibilidades de escolha e saídas laterais". "Tal significa, consequentemente, que as pessoas ficam mais pálidas e os objetos mais coloridos. Mas os incolores são chamados a escolher dentre as colorações. É soberano quem decide a cor da estação." Decidir a cor da estação é a tarefa principal de estilistas. A moda é a derrota do costume, escreveu Gabriel Tarde. Ora, o regime de monetarização permite exatamente essa vitória do efêmero e sazonal, e põe os estilistas como capitães a respeito do que pode e não pode ser utilizado do arco-íris. São os profissionais mais significativos de frivolidade séria, da arte que transforma o corpo – obrigando todos à anorexia – e da competição desportiva que se instaura de uma vez por todas como o que deve preencher o dia. Os desfiles de moda são desporto. São sérios não como arte, mas como desporto. Nisso se fazem exercício que precisam ser levados por personagens não marcados por divisões pré-modernas. Não à toa os capitães da escolha da cor são figuras da apoteose da androgenia.

Há nisso tudo uma mutação psicossocial. A modificação ontológica traz modificações cognitivas. As identidades fixas desaparecem ou se tornam o que sobra para perdedores, e, então, é o construtivismo que se mostra como o que pode nos dar ideia sobre as coisas todas. Como é o construtivismo? Tudo que encontramos é, logo em seguida, mostrado por nós mesmos como inventado, construído. Tudo tem algum manual de construção ou uma "política". O natural perde espaço ou se reordena como parte da cultura. Os limites entre o natural e o cultural tendem a desaparecer de vez. Aliás, na própria teoria de Sloterdijk, isso alude ao que ele chama de "antropotécnicas". Não se trata mais de ver o homem como um ser natural que produz cultura, mas simplesmente como o que é efeito de "antropotécnicas" que não distinguem entre o útero e o não útero ou que, na filogênese, elimina de vez o mito do "elo perdido".

A parcela da sociedade com *algum* poder de compra nota nessas condições uma forma de desoneração que resulta da necessidade que se transforma em liberdade. Ora, na verdade, onde havia necessidade, advém o capricho. Junto do tédio que corre amigo da paz permanente e do divertimento contínuo, também surgem os que olham para tudo de modo a falar do peso. Somente nessa sociedade desonerada, com espaços de mimo ampliados e modificados, pode-se criar a palavra *stress*. O estresse jamais existiria numa sociedade que não fosse leve. Aparece justamente porque podemos por alguns minutos ver o quanto é oneroso vivermos numa situação que, sendo de desoneração contínua, adquirimos mais facilidade para ficarmos cansados por pouca coisa.

Os espaços de mimo de uma sociedade assim se desenvolvem em cinco níveis[32].

Primeiro, é que com o dinheiro aparece o "poder de compra", o que torna as coisas como de acesso facilitado. Há algo de mágico no dinheiro. Não à toa, em 1509 apareceu o herói Fortunatus, com uma bolsa em que surgiam quarenta moedas de ouro tão logo as primeiras quarenta fossem gastas.

---

32. Cf. cap. 37 de *Palácio de cristal*. Op. cit.

Em um segundo nível, há a paz e, portanto, uma desagregação rápida da virilidade histórica. Isso é apoiado pela mídia e, logo em seguida, toda forma de androgenia, feminismo e homoerotismo é felicitada.

No terceiro nível vê-se um aumento assustador a respeito das expectativas de segurança. Tudo é seguro. E o que não é seguro, então, deve ganhar algum nível de segurança. Bombeiros se tornam o passado no presente. Pois o presente mesmo pertence aos planos de saúde, medicina preventiva, engenharia genética e as seguradoras e companhias de proteção da vida civil proliferam, de modo a modificar a noção de futuro. O impulso à frivolidade abarca a todos. Com isso aparece o risco permitido, como se não fosse um risco! Os esportes radicais são isso: uma nova forma de aventura porque o risco parece não existir. A própria guerra é assim tomada. Muitos soldados americanos se acreditam invencíveis, e de certo modo o são mesmo.

Em um quarto nível há a substituição de uma cultura que advinha da formação, da *Bildung*, por uma nova cultura desonerada que é a da consulta a terminais de informação de todo tipo, inclusive já há vinte anos ligados em rede mundial de computadores. A pesada pessoa culta, aquela cuja biografia casava-se com os livros que lia, torna-se incompreensível para os que dizem saber algo hoje em dia. Ninguém mais tem experiência, que é algo que onera; só há o que está no âmbito do "descarregar", e por isso mesmo o mecanismo de acesso e homogeneização rápida do saber tem o nome de *download*. Com isso, como diz Sloterdijk, "perfila-se um regime de cognição pós-pessoal, pós-literário, pós-acadêmico".

No quinto nível do sistema de conforto que reordena o espaço de mimo ocorre a democratização inaudita da facilidade e rapidez para se tornar célebre por não fazer nada de tão importante, e também por desaparecer logo em seguida. Há uma época da "glória dos artistas sem obras".

Claro que os novos desonerados podem se parecer bárbaros. A infantilização é algo pelo qual sempre lutamos, mas quando a temos ela parece ser um problema. Há sim algo de barbárie nisso. Mas não tanto, afinal devemos sempre lembrar que Mussolini dizia que "o fascismo é o horror à vida confortável".

Sexta lição

Heteronarcisismo a partir de Emerson e Nietzsche

Não raro, ouvimos partidos políticos mencionarem expressões como "governo generoso" ou "administração generosa". Tendemos a felicitar essa presença da palavra "generosidade". Por sua vez, Sloterdijk prefere antes indivíduos generosos que governos ou partidos que se dizem generosos.

Peter Sloterdijk é um filósofo que gostaria de, como um macro-historiador do futuro, lá no próximo século, poder fazer uma narrativa da nossa sociedade atual como aquela que iniciou um processo de apreço pela mentalidade da doação abandonando assim a mentalidade da imposição e da mesquinhez.

A generosidade é um tema valioso para Sloterdijk, e entra para os seus trabalhos forjando um veio de extensiva originalidade. Todavia, essa originalidade não significa que a sua investigação não deixe o rastro de autores que lhe são caros. Nesse caso, três agrupamentos marcam momentos bem visíveis

da sua narrativa: Emerson-Nietzsche, Nietzsche-
-Bataille-Fukuyama e Mauss-Derrida.

O momento Emerson-Nietzsche alimenta uma investigação sobre as possibilidades de uma individualidade autoafirmativa, talvez uma esperança mais adequada para o século XXI. O momento Nietzsche-Bataille-Fukuyama diz respeito, mais propriamente, à associação entre a capacidade de dar e o orgulho vindo de uma psicopolítica redesenhada a partir da consideração antes das forças timóticas do que das forças eróticas. Por fim, no programa de uma sociedade que opta pela associação de doadores em detrimento dos isolados, submissos e submetidos pagadores do fisco, dá-se o momento Mauss-Derrida. Explico cada um desse três momentos neste capítulo e nos dois seguintes.

Sloterdijk lembra a admiração de Nietzsche pelo filósofo americano Ralph Waldo Emerson, em especial pela sua doutrina do individualismo autocriativo e esfuziante. Profundamente comprometido com aquilo que, depois, é tomado por Nietzsche no lema "torna-te o que tu és", Emerson deixa claro seu propósito no célebre ensaio "Autoconfiança" (1841):

> Há um tempo em toda a educação do homem em que ele chega à convicção de que a inveja é ignorância; que a imitação é suicídio; que ele deve tomar a si mesmo para melhor, ou para pior, como porção

sua; que embora o amplo universo é cheio de bem, nenhum grão nutritivo pode vir a ele, exceto por meio da labuta e através da labuta naquele pedaço de terra que lhe é dado para cavar[33].

O imperativo do escritor americano é nada outro senão o de que ninguém mais viesse a se comportar como seguidor, mas criador. Que ninguém que quisesse ser chamado de homem pudesse deixar de lado sua tarefa primordial: antes de ganhar o mercado, deve-se inventá-lo. Sloterdijk chama Nietzsche, nesse sentido, de um *"designer* de tendências"[34]. Trata-se do Emerson europeu. O homem que inaugura, no contexto da velha Europa, a atividade pessoal da generosidade por conta do individualismo da autoafirmação que, naquilo que tem sucesso, pode apresentar-se como um evangelho, uma *boa-nova*, um presente dado em excesso, até à exaustão, aos que o cercam.

Emerson e Nietzsche amaram suas próprias originalidades. Cultivaram-na apresentando-a como

---

33. EMERSON, R.W. Self-reliance. In: *Essays* [Disponível em http://www.emersoncentral.com/selfreliance.htm – Acesso em 27/06/2016 [Trad. do autor]].

34. SLOTERDIJK, P. O quinto "evangelho" de Nietzsche. Rio de Janeiro: Tempo Brasileiro, 2004, p. 81 [Trad. de Flávio Breno Siebeneichler do original *Über die Verbesserung der guten nachricht* – Nietzsches fünftes "Evangelium". Frankfurt a. Main: Suhrkamp, 2000.

doutrina e presente, dádiva. Falaram da generosidade e a praticaram. Cumpriram o destino de distanciarem-se da massa em um momento de nascimento da sociedade de grandes aglomerações urbanas. Forjaram um estilo que parecia ser o que deveria ser praticado logo depois deles, no século XX e, ainda agora, no XXI. Fizeram uma profissão de fé no não ressentimento. Deram ao mundo o chamado *life-style* como o que cada homem deve ter, o que vemos dominar, até mesmo para se tornar, infelizmente, o contrário da originalidade, em nosso século, certamente pela força das coisas contra a força desses pensadores.

No texto de Nietzsche, como bem salienta Sloterdijk, o que surge como mandamento é este: se há que se imitar alguma coisa, então que seja o sol. Assim deixa sabido Zarathustra. Pois o sol caminha para o seu ocaso de um modo generoso. Só dá e nada recebe. Nietzsche é, na conta de Sloterdijk, um homem de um individualismo *sui generis* e completo, algo que se poderia chamar de "heteronarcisismo"[35]. Afirma a si mesmo e, nesse ato, o que afirma de fato são os outros. Deixa-se atravessar pelas alteridades. "As alteridades que entram nele formando uma composição que o atravessa, o encanta, o tortura e o surpreende". Afinal,

---

35. Ibid., p. 99.

"sem surpresas a vida seria um erro"[36]. Nietzsche teria conseguido ser um sol. Ou melhor, mais do que isso, teria conseguido ser "um corpo de ressonância"[37]. Homens-sóis não doam apenas, emanam evangelhos, fazem boas-novas como dádivas, penetram e se deixam penetrar, fazem de si mesmos diversidades e, portanto, mundo. Quando partem para o autoelogio, é para romper de vez com "as coações da lógica tradicional bipolar", aquela que "constrangia os falantes a fazer uma escolha entre duas partes: entre o louvor a Deus, que implicava inevitavelmente uma "renúncia ao Eu", tido como digno de ódio, e o louvor ao Eu, o que implica a renúncia satânica a Deus"[38].

Para Sloterdijk, a virtude da generosidade distingue os nietzscheanos verdadeiros dos falsos. E o ponto decisivo é o deleite do esbanjamento. Nietzsche faz o cultivo da dissipação integral, escapando do cálculo (tema caro a Derrida, como se verá adiante). Diferentemente de capitalistas e poupadores, que sempre esperam um retorno maior do que investem, o "verdadeiro patrocinador encontra sua satisfação em dar sem levar em conta nenhum

---

36. Ibid.

37. Ibid.

38. Ibid., p. 71-72.

tipo de 'lucro'"[39]. E isso, em Nietzsche, vale para donativos e proposições. A inocência do vir a ser é, para Nietzsche, na conta de Sloterdijk, a inocência do esbanjamento. A arte de presentear é, como Nietzsche expôs pela boca de Zarathustra, aquela de doar de modo a não deixar o receptor em dívida para com o doador, extirpando-lhe qualquer sentimento possível de humilhação. Faz-se o receptor aceitar a dávida sem que ele contraia obrigações. Há aí, diz Sloterdijk, um "círculo narcisista", onde entra em jogo, sim, "um pouco de vaidade e um pouco de movimento"[40]. O mecenato pode funcionar sem Nietzsche, mas, acrescenta Sloterdijk, quem já experimentou sua condição de patrocinador ou doador sabe bem a importância da experiência do filósofo alemão na prática da generosidade. O generoso produz o dissenso, a concorrência, e ele é diferente do bom, do *bonzinho*, que produz o consenso. E essa generosidade do doador é contagiante[41].

Para Sloterdijk, Nietzsche é "um professor da magnanimidade e da generosidade na medida em que ele contamina o receptor de sua dádiva com a ideia de uma riqueza, cuja aquisição só compensa

---

39. Ibid., p. 75.

40. Ibid., p. 76.

41. Ibid., p. 74.

quando se tem em vista a possibilidade de dissipá-la"[42]. Aqui, como apontado, vale bem a metáfora do sol.

Todos que leem Nietzsche, lembra Sloterdijk, sabem bem que ele evoca uma transvaloração de valores, e que divide então a história em espaço da culpa e espaço da generosidade. No primeiro espaço fica o vale das almas que pensam em expiação e pagamento, e na planície estão os que se interessam em doar e ir adiante. Sabendo-se ou não desse critério, o fato é que toda a vida está para ser vivida ou no vale ou na planície. Na conta de Sloterdijk, Nietzsche foi o autêntico doador à medida que fez seus aforismos segundo uma exposição de sua própria vida, de seus altos e baixos, de suas épocas sadias e não sadias, abrindo-se completamente para os que receberam seus dardos e viram que só poderiam aproveitar a doação dissipando-a. Não há o que guardar de Nietzsche. Há o que fazer e tornar feito, acabado, dissipado, consumido. A doação de Nietzsche é um manual em que cada um escreve o conteúdo, seguindo a regra da automelhoria. Quem recebe sente vontade de dar, de esbanjar. Interrompe-se a mesquinhez. O nietzscheano verdadeiro interrompe de vez sua vida envolvida na mesquinhez. Abre-se para a franqueza – por isso

---

42. Ibid.

seu individualismo é heteronarcisismo, cultiva-se com penetrante e penetrado, como ressoante. A vida aí, nesse caso, é algo sem travas, como de fato fez o cínico Diógenes, cuja melhor fala foi aquela de pedir para Alexandre sair da frente do sol, para que ele pudesse continuar seu banho de luz. Nenhum mesquinho, resguardado, com segundas intenções, falaria o que Diógenes falou. Ele extrapolou, esbanjou-se, patrocinou e doou à exaustão. Sloterdijk não deixa de lembrar esse parentesco de Nietzsche com a tarefa do cínico[43].

É segundo esses critérios que Sloterdijk pensa em uma "ética da generosidade"[44].

---

43. Ibid., p. 69.

44. Ibid., p. 58.

Sétima lição

Thymos versus Eros

Na imagem da doação em Nietzsche, o sol aparece como metáfora. A doação que Sloterdijk busca na criação de uma economia nietzscheana encontra Georges Bataille trabalhando também com o sol, mas de uma maneira inicialmente literal.

Para construir a sua "ecomomia do dispêndio natural", que se opõe à tradicional economia da preservação, Bataille começa pela própria ligação do planeta com o sol. Este, sabemos bem, realmente dá a vida, e com isso esbanja energia, perde-a, dissipa-a, faz acontecer na sua generosidade. Os homens são filhos do sol, e mesmo que vivam falando em poupança, o que fazem de natural é gastar e consumir. Aliás, geram excedente de modo até que fácil, e por isso gastam.

Bataille insiste: "O sol dá sem nunca receber: os homens sentiram isso muito antes de a astrofísica ter medido essa incessante prodigalidade"[45].

---

45. BATAILLE, G. *A parte maldita*. São Paulo/Belo Horizonte: Autêntica, 2013, p. 50 [Trad. de Júlio Castañon Guimarães] [A versão-base traduzida é a de 1949, de Les Éditons de Minuit].

Os homens souberam ver o quanto isso lhes dava colheitas e a grandeza de tal gesto serviu de parâmetro para muita coisa, inclusive para o caráter divino do astro. Os juízos morais vindos dessa situação foram de dupla ordem. Deu-se valor à glória do dispêndio, tomando o sol como parâmetro, mas deu-se valor também à gloria da produção, tomando a natureza ligada à utilidade como parâmetro. O sentimento moderno preferiu ficar com a segunda, mas jamais o sentimento arcaico desapareceu[46].

A ideia de que nossas sociedades conhecem e praticam o dispêndio, sem que isso se ponha como uma anomalia, como é visto pelo paradigma produtivista da maioria dos economistas, é defendida por Bataille a partir de uma retomada dos estudos de Marcell Mauss. Este, sabe-se bem, estudou o fenômeno do *potlach*, o regime de presentes e de queima de riquezas entre chefes tribais. Bataille retoma essa questão.

O problema é o do "dispêndio do excedente"[47]. Eis a questão: o que ocorre está no limite da troca,

---

46. Ibid., p. 50-51.

47. Bataille não é o único que desenvolve esse tema. P. ex., o antropólogo e economista americano, de linha pragmatista, Thorstein Veblen, desenvolveu a interessante teoria do "consumo conspícuo", o gasto para demonstrar poder e impressionar. Vale a pena lembrar que esses aspectos, aparentemente negativos do sobrepor-se ao outro, não é o que chama a atenção de Sloterdijk, mas sim a função de esbanjamento como o que também pertence

mas, então, o que se troca, se o que um chefe faz é brindar o outro com grandes exibições de perda? A dádiva seria insensata, diz Bataille, se não assumisse um sentido de uma aquisição. "É preciso, portanto, que *dar* se torne *adquirir um poder*"[48]. Quem doa e ultrapassa sua doação, adquire sobre o outro o poder conferido pelo prestígio, pela ousadia do despreendimento. A destruição dos objetos solitariamente criaria uma perda, mas a destruição na presença do outro, em rituais religiosos, é o que cria aos olhos do outro o "poder de dar e destruir". "Doravante ele se torna rico por ter feito da riqueza o uso desejado na essência da riqueza: é rico por ter ostensivamente consumido o que só é riqueza se consumido." Dependendo do lugar, o que é a dádiva, o que é oferecido no sacrifício, pode ser algo útil, como escravos degolados, em outros podem ser belas roupas, ou seja, coisas do luxo, de menos utilidade direta. Mas a essência do *potlach* é o desprendimento[49].

Sloterdijk vê nas observações sobre o esbanjar e o doar os rumos de uma complexa generosidade que ele aproveita, então, para inserir em uma teoria

---

claramente à vida humana, algo na linha da exuberância da atuação da "vontade de potência" de Nietzsche, o caráter positivo de quem doa, gasta, esbanja, faz a riqueza cumprir seu papel que é a de ser consumida.

48. BATAILLE, G. *A parte maldita*. Op. cit, p. 80.

49. Ibid., p. 75-85.

psicopolítica que envolve uma consideração sobre o *thymos*. O doar envolve um doador que se identifica com o que faz e, portanto, tem orgulho dessa sua condição de desprendido, ousado, poderoso. Mas onde está, na descrição de nossa psicologia, os elementos da identidade? Sloterdijk redescobre Francis Fukuyama em seu *Best-seller O fim da história e o último homem*. Nesse livro há uma retomada da Teoria do Reconhecimento, de Hegel, como fio condutor do movimento histórico e, nesse contexto, uma grande consideração para com a visão da alma tripartite, que envolve o *thymos*[50].

Fukuyama volta a Hegel[51] para lembrar que este qualificou o homem como diferente dos animais por conta de arriscar a vida por quesitos aparentemente não necessários para a própria preservação da vida (uma característica que Nietzsche retoma, mas extrapola para todo o cosmos, não só para o homem[52]). O homem ou, melhor dizendo, o

---

50. FUKUYAMA, F. *O fim da história e o último homem*. Rio de Janeiro: Rocco, 1992 [Trad. de Aulyde Soares Rodrigues].

51. Um autor que enfatiza essa característica em Hegel é o filósofo canadense Charles Taylor. Cf. TAYLOR, C. *Hegel* – Sistema, método e estrutura. São Paulo: É Realizações, 2014 [Trad. de Nélio Schneider] [A versão original é *Hegel*: Cambridge: Cambridge University Press, 1975].

52. Se por um lado, no século XIX, acentua-se a tendência de tomar a autopreservação como o elemento pelo qual se pode notar o funcionamento da vida, com Darwin à frente, ao fim dessa época é

homem nobre, é aquele que prefere antes perder a vida do que ser tratado sem dignidade. O homem é aquele que tem autoestima e, então, dá um valor a si mesmo que pode não ser o valor que o outro lhe confere e, por isso, faz valer sua fúria briosa contra o outro. Pelo seu brio, clama pelo que chama de justiça. Quer que a identidade dada por ele a si mesmo seja respeitada e considerada pelo outro. Isso move a história. Mas as forças que impulsionam esse agir não são as forças da alma que lidam com o cálculo e muito menos os desejos, mas são as forças do *thymos*. O *thymos* é a parte da alma, presente no peito dos heróis homéricos, responsáveis pela ira, fúria, raiva e, ao mesmo tempo, orgulho, direção de autocontrole[53]. Uma força timótica inerente

---

Nietzsche quem lembra que um animal unicelular pode jogar seus pseudópodes sobre uma bolha de água para assimilá-la, e com isso acaba por estourar. O exemplo aí é a respeito da "vontade de potência", e com ele Nietzsche mostra que a maneira como ele pensa sua cosmologia não é a do esquema tradicional. Cf. MARTON, S. *Nietzsche – Das forças cósmicas aos valores humanos*. São Paulo: Brasiliense, 1991.

53. O *thymos* não é uma força voluntária, algo da vontade. Ele surge numa situação que, hoje em dia, está presente na nossa expressão: "fulano de tal tem peito para fazer tal coisa" . Mas não se adquire "peito". É como uma força que se tem ou não se tem. O *thymos* é localizado no peito, mas é uma força em articulação com os deuses, algo extraindivíduo. Diz respeito à autoestima e ao orgulho, mas isso por conta da harmonia que é cosmos (contrário do caos), e que põe para cada um o destino. Quebrar o destino é quebrar a força dos deuses e a harmonia, trazer de volta o caos – a inexistência do mundo. Nesse sentido, quando Aquiles volta à guerra,

ao nobre é uma força de sua autoestima. Pode ser que um homem tenha uma autoestima exagerada, irreal, mas isso não importa. O que importa é que é o *thymos*, a própria autoestima, que lhe dá a identidade que ele irá cobrar do outro como aquilo pelo qual deve ser valorizado e reconhecido.

O autocontrole do *thymos* é, então, a força pela qual, na Antiguidade, Platão buscou para justificar a coragem orgulhosa dos que protegeriam a cidade ideal. O filósofo comandaria a cidade pelo intelecto, utilizando a parte da alma nele bem desenvolvida. Os trabalhadores manuais, aptos aos desejos, ligados aos apetites vindos das partes baixas da alma, lidariam com o que é sensório. Os homens timóticos, bem desenvolvidos na parte da alma localizada no

---

ele não o faz para vingar seu amigo morto, mas sim porque ele saiu da guerra e trouxe a desarmonia (Aquiles não é o herói do faroeste que vinga o assassinato de sua mulher por um bandoleiro). Ou seja, ele, guerreiro, não estava guerreando, e o caos se mostra no momento em que seu amigo morre em seu lugar (estava usando seu elmo). O mundo se desajusta. Ele faltou com a harmonia que é ser guerreiro, cumprir seu destino, fazer valer sua habilidade posta pelos deuses. "Torna-te o que tu és", de Nietzsche, é, nesse caso, um imperativo não voluntarioso, moderno, mas o cumprimento do destino que mantém tudo em harmonia, mantém o cosmos para que o caos não ressurja. Assim, o *thymos* não deve ser tomado como um órgão de vontade psicológica exclusivamente pessoal, "interno", pois isso seria vê-lo como moderno demais. A vontade é uma faculdade moderna, cristã, que não tem presença no mundo antigo. Para aprofundar, cf. GHIRALDELLI JR., P. *Sócrates*: pensador e educador. São Paulo: Cortez, 2015.

peito, capazes de terem o orgulho ferido ao verem exércitos inimigos atacando a cidade por eles guardada e, por isso, patrocinada, seriam os melhores soldados. Nesse caso, caberia também para estes uma pedagogia própria e um sistema educacional diferente dos de outros. Haveria aí uma educação do *thymos*, para que este se tornasse um coadjuvante da razão, não dos apetites. Fukuyama lembra que isso valeu até à Modernidade, quando então o *thymos* perdeu prestígio, e o homem de tripla alma desapareceu, finamente, diante de um homem de alma única dilacerado pelo esquema da razão *versus* paixão, narrado de mil formas nos romances, na literatura propriamente moderna. Essa nova descrição trouxe, então, um problema para os modernos, o de levar o sentimento de autovaloração para o campo das paixões e, assim, não raro, ter de se envergonhar deles. Em nossa época, a humildade deve vencer o orgulho e a autoestima. Homens generosos que sentem orgulho de assim agir, por serem protetores, patrocinadores e doadores, não podem existir[54]. Ora, Slo-

---

54. Vale lembrar o trabalho de Santo Agostinho em favor da humildade. Para este, o encontrar com Deus seria claramente sentido pelo homem quando pudesse adquirir a paz verdadeira, a não agitação da alma, a completude. Uma alma capaz de fazer grandes generosidades poderia muito bem não ser uma alma tranquila, em paz, mas apenas um poço de ansiedade por aceitação humana, carente, desejosa de modo enganoso de fazer o engrandecimento do eu por meio de aplausos. Na verdade, diz Agostinho, o correto se-

terdijk quer recuperar o desenho do homem timótico para poder descrever o cenário dos que possuem autoestima na tarefa de patrocinar, doar e cuidar. A generosidade em Sloterdijk precisa de um motor psicopolítico, e este é um motor timótico.

Nesse afã, Sloterdijk busca mostrar que apesar da descrição do *thymos* aparecer em Platão, o legado do platonismo não foi timótico, mas erótico. Eros comanda toda a fonte de energia do Ocidente. No entanto, Eros é um deus filho de uma mãe que é a Pobreza e de um pai que é a Astúcia e, por isso, um ser desejante, carente e matreiro. Não é por essa via que se pode requisitar uma força que articule a autoestima, o orgulho e a disposição para a luta com a doação e a generosidade. Assim, paradoxalmente, não é o amor o mais próximo da generosidade esperada por Sloterdijk. São as forças timóticas que devem ser invocadas. Assim, uma nova psicopolítica tem de reencontrar uma nova antropologia e uma nova psicologia que descreva o homem para além

---

ria o aniquilamento do eu orgulhoso em benefício da paz do eu não carente, mas completo pela tranquilidade que, enfim, é o sentimento de encontro com Deus. Com essa psicologia articulada por uma teologia em mãos, Agostinho conseguiu condenar como pecadores até mesmo os grandes imperadores romanos que fizeram as melhores obras para a população. Eles teriam agido por aplauso. Foi por essa via que Agostinho forjou uma parte importante da doutrina cristã da humildade. Para aprofundamento cf. GHIRALDELLI, P. *Notas sobre subjetividade em Agostinho* [Disponível em http://ghiraldelli.pro.br/filosofia/agostinho-subjetividade.html].

da visão dual moderna, e crie seus traços como um ser rico, de grandes potencialidades, capaz de atiçar o *thymos* para a doação, o patrocínio, o cuidado e o orgulho desses feitos. É o *thymos* que pode abrigar o sentido do esbanjamento descrito por Bataille e o sentido da generosidade individualizada descrito e praticado por Nietzsche.

Todo cuidado é pouco, no entanto, no entendimento do *thymos*. Fukuyama o descreve bem ao modo que, depois, pode ser utilizado por Sloterdijk:

> O desejo de reconhecimento originado do *thymos* é um fenômeno profundamente paradoxal porque o *thymos* é a sede psicológica da justiça e do desprendimento, embora ao mesmo tempo esteja intimamente ligado ao egoísmo. O eu timótico exige reconhecimento em razão do seu *próprio* sendo do valor das coisas, tanto por si mesmo quanto pelos outros. O desejo de reconhecimento é uma forma de autoafirmação, uma projeção dos próprios valores no mundo exterior e dá origem a sentimento de raiva quando esses valores não são reconhecidos por outras pessoas. Não há garantia que o senso timótico de justiça de uma pessoa corresponda ao das outras pessoas[55].

---

55. FUKUYAMA, F. *O fim da história e o último homem*. Op. cit., p. 215.

Exatamente por essas conclusões é que o *thymos* gerou entre os pensadores preocupação constante. Platão quis educá-lo com uma pedagogia especial, para colocá-lo como correto coadjuvante da razão. Na entrada da Modernidade, Maquiavel procurou controlar sua atuação dispondo forças timóticas umas contra as outras. Na Modernidade liberal, Locke e Hobbes visaram extirpá-lo do desenho da psicologia humana, traçando o homem apenas como proprietário de razão e paixão. As forças timóticas se tornaram forças da paixão, elementos irracionais que deveriam ser não educados, mas comandados ou anulados. Os primeiros liberais ingleses viram as forças timóticas como o orgulho causador das guerras apaixonadas de príncipes ou como causas de padres fanáticos que incentivaram combates religiosos, e, assim, esses pensadores modernos procuraram de vez combater toda e qualquer forma de orgulho. Viram o pecado da *megalothymia* que estaria possuindo os setores nobres, exatamente os setores que a burguesia nascente queria combater[56].

Claro que "a tentativa da política liberal na tradição de Hobbes-Locke de banir da política o desejo de reconhecimento, ou torná-lo limitado e

---

56. Ibid., p. 225-236.

impotente, deixou inquietos muitos pensadores". Ora, a "sociedade moderna, a partir desse momento, seria constituída por aquilo que C.S. Lewis chamou de 'homens sem peito'"[57]. Usamos essa expressão para pessoas sem orgulho e sem coragem para fazer valer os imperativos de sua autoestima. Dizemos "fulano de tal não tem peito para fazer isso". O *thymos* da alma desenhada pelos gregos ficava no peito. Os "homens sem peito" nasceram dos pacíficos burgueses comerciantes, banqueiros, industriais e todos aqueles que viram na sociedade de mercado nascente a necessidade da cabeça baixa útil ao mercado. Uma sociedade como a nossa, diz Sloterdijk, deve ampliar o mimo que é o produtor de homens desde sempre, mas de uma maneira que o associa à paz; por isso mesmo o homem deve anular o sentimento da honra, e caminhar na incorporação de uma crescente desvirilização[58]. A virilidade deve ser extirpada. No mercado vale o agrado entre compradores e vendedores. O burguês nutrido pela biologia ideológica da autoconservação se fez sinônimo de homem.

---

57. Ibid., p. 233.

58. SLOTERDIJK, P. *O palácio de cristal*. Lisboa: Relógio D'Água, 2008, p. 231-232 [Trad. de Manuel Resende] [Versão original: SLOTERDIJK, P. *Im Weltnnenraum des Kapital*. Frankfurt a. Main: Suhrkamp, 2005].

O atleta moderno, ao contrário do homem viril, é visivelmente hermafrodita, diz Sloterdijk[59].

Por isso mesmo, quando Nietzsche disse que o homem era avaliador *par excellence*, e que punha na linguagem o bem e o mal como avaliações que tinham segundos pensamentos (segundas intenções), ele logo foi visto como preferivelmente literário, não um filósofo. Mas essa autoafirmação de Nietzsche-Emerson nunca se dissipou completamente, apenas se manteve secundarizada, e é nesse elemento pouco notado ou, se notado, descrito negativamente, que estão as forças claramente timóticas nas quais Sloterdijk põe fé, as forças que podem ser trazidas para o centro, acotovelando a psicopolítica erótica. É por essa via, pela característica do orgulho do patrocinador e criador que a generosidade pode estar no centro de uma sociedade onde os indivíduos tenham sua identidade com doadores. Orgulho dos criadores, patrocinadores e facilitadores de redes que promovam a generosidade antes da imposição injustificada do fisco é o que Sloterdijk oferece, então, para além da disputa que ele considera como datada. Essa disputa datada é a do "liberalismo *versus* socialismo". Além

---

59. Cf. entrevista de Sloterdijk a *Der Spiegel*, 03/06/2006. Pode-se vê-la em inglês em SLOTERDIJK, P. *Selected Exaggerations*. Op. cit., p. 173-182.

dela, ele põe a disputa colaboracionista e competivista ao mesmo tempo, vindas das energias timóticas daqueles que querem doar e fazer de seus projetos os mais vistos, de melhor desempenho.

Oitava lição
A sociedade do fisco voluntário[60]

Em um sentido bem semelhante ao de Richard Rorty, para quem as redescrições de nós mesmos têm um papel central no que podemos nos tornar, Sloterdijk busca alertar sobre uma fácil visão dita realista a respeito das pessoas. Admoesta os que se esquecem que "todo enunciado atua como um conformador de pessoas": "Quem pensa de modo mesquinho sobre as pessoas, cedo ou tarde se encontra com o que pensou".

Entendendo-se capaz de utilizar a redescrição psicológica e antropológica que leva em consideração nossas forças timóticas, para colocá-las em

---

60. No que segue neste tópico, salvo referência específica, trato de artigos sobre o fisco reunidos em SLOTERDIJK, P. *Die nehmende Hand und die gebende Seite*. Berlim: Suhrkamp, 2010. Indico também a versão em castelhano, especialmente organizada pela professora espanhola Carla Carmona, especialmente para o público não alemão, contendo uma boa introdução de sua autoria. SLOTERDIJK, P. *Fiscalidad voluntaria y responsabilidad ciudadana*. Madri: Siruela, 2014 [Trad. de Isidoro Reguera].

favor de um novo projeto de generosidade, Sloterdijk assim faz se pondo como um herdeiro de Marcel Mauss. No terceiro volume do projeto das *Esferas*, ele deixa uma importante sinalização sobre o assunto.

Na última página do terceiro volume da trilogia das *Esferas*, na criação de uma conversa avaliativa de todo o projeto, ele põe três personagens em cena. O crítico literário, o teólogo e o macro-historiador, sendo este último um quase seu duplo. É o macro-historiador, então, quem fala que vê o trabalho de Sloterdijk como herdeiro de Mauss, alguém que quis "escrever uma história universal da generosidade" e a apresentou por meio de um trabalho mascarado por uma "fenomenologia das ampliações de espaço". Essa história, então, seria como que uma paráfrase de um "imperativo categórico" de Mauss, que nos diria sobre o benefício dos presentes, das dávidas[61].

A partir dessa visão de generosidade como implicando a doação, Sloterdijk elabora os fundamentos pelos quais podemos propor um projeto desse tipo, como uma experiência social e política. Nesse caso, toma inicialmente os modos pelos quais uma sociedade consegue financiamento para

---

61. SLOTERDIJK, P. *Schäume* – Sphären III. Frankfurt a. Main: Suhrkamp, 2004, p. 885.

a sua maquinaria política. Ele cita as guerras de pilhagem, o fisco interno do Estado absolutista, o fisco interno de caráter social-democrata e, por fim, os sistemas de filantropia e criação de fundações. Descarta o primeiro, diz que o segundo e o terceiro se fundiram na forma do Estado moderno que cobra impostos sem boas justificativas para tal, e propõe a quarta forma, pela qual haveria o "fisco subjetivo"[62], ou seja, algo como um fisco inteligente – o dinheiro da filantropia costuma ser um "dinheiro inteligente", afirma Sloterdijk[63].

Trata-se de criar uma "ética do dar". Essa ética é a proposta para se escapar da passividade dos indivíduos atuais, gerado pela aliança entre os ditames do Estado absolutista e alguns gerados por uma peculiar visão do Estado social-democrata ou mesmo liberal. O Estado absolutista tira, sem mais, de um setor amplo da população, deixando uma minoria beneficiada. Por sua vez, na perspectiva redistributiva, o Estado social-democrata ou liberal carrega consigo um certo ressentimento associado

---

62. Entrevista de Sloterdijk em *Wirtschaftswoche*, 19/07/2001, p. 22-26. Versão em inglês: SLOTERDIJK, P. *Selected Exaggerations*. Malden (MA): Polity, 2016, p. 56-64, 63 [Trad. de Karen Margolis].

63. Entrevista a Sjord van Tuinen: *What does a human have that he can give away?* [Disponível em https://www.academia.edu/9185150/What_Does_a_Human_Have_that_He_Can_Give_Away_-_interview_with_Peter_Sloterdijk_2013_].

a um idealismo que tem bases em Rousseau e que chegou a Proudhon, que realmente disse que a propriedade é um roubo (originário). O jovem Marx aplaudiu Proudhon por conta desse rousseaunismo. Essa ideia contaminou toda esquerda moderna.

O que Rousseau disse sobre como surgiu a propriedade, ou seja, sobre a maneira de como o primeiro homem que cercou um terreno criou toda uma herança maligna, gerou uma forma de pensar semelhante à do pecado original. Os impostos passaram a ser legítimos por meio, então, da ideia do roubo do roubo: o Estado deve sempre poder tirar dos proprietários, sem muito explicar; afinal, o homem proprietário original roubou de todos. Os que têm alguma propriedade, ou mesmo podem vir a tê-la, devem ser taxados. A taxação é uma forma de restituir o que foi inicialmente roubado. A esquerda, diz Sloterdijk, regozija-se em acreditar que tem uma visão realista. Os realistas são os que discordam da ética do dar: "para os que impugnam minha tese", diz ele, o que se chama sociedade significa unicamente a "soma de todas as deserções da sociedade". Sendo assim, pensam os intelectuais desse tipo de esquerda dentro do quadro do ódio social e, não raro, como um desprezo a toda e qualquer lei do Estado de direito liberal.

Sloterdijk entende que a taxação é um dos fatores mais importantes na criação de dois grandes problemas ou questões sociais de nossos tempos. O primeiro diz respeito à contradição entre a existência de uma sociedade que deslocou todo tipo de energia em seu favor e proporcionou, entre outras coisas, uma queda vertiginosa das horas de trabalho de todos em menos de duzentos anos, e a vigência de uma disparidade grande que faz com que muitas regiões fiquem de fora do campo da abundância. O segundo problema é o de uma passividade que se torna contemporaneamente algo grave, inclusive e principalmente em sociedades ricas, abundantes, que gastam e podem gastar de um modo nunca visto antes, e que põe quantidades enormes de pessoas na condição de se autoalijarem das decisões sobre abundância. Esse problema da passividade é, enfim, o que se traduz em termos de análise política como o distanciamento dos cidadãos em relação ao funcionamento do Estado e da própria vida política. Esse clima pode mudar quando se nota as formas de doação correntes, já existentes, em níveis materiais, espirituais e comunicacionais. Pode-se pensar em dar vazão para elas como uma experiência social mais importante do que o imposto, o fisco.

Todavia, para propor uma tal experiência, Sloterdijk vê necessidade de passar por Habermas e Derrida, que de certa maneira têm a ver com o tema. O primeiro, por ter em seus discípulos os que menos entenderam a sua "ética da generosidade" e a tomaram como um mero "retrocesso neoliberal". O segundo, por estudar o tema da generosidade, colocando alguns elementos a serem reconsiderados pelo projeto das *Esferas*[64].

A tese de Derrida sobre a dádiva parte classicamente de Marcel Mauss. O filósofo francês entende que a dádiva é o impossível. Enxerga o trio formado por doador, objeto doado e receptor como o que é necessário para a doação ocorrer e, ao mesmo tempo, como o que a torna impossível. Para ele, a doação ocorre se não gera nenhuma dívida, nenhuma necessidade ou requisição hipotética de uma contradoação, uma reposição. Mas é exatamente no momento em que o receptor a apanha, que a dádiva se desfaz em uma situação que gera a troca. Para Derrida[65], Mauss teria quase percebido isso. Por sua vez, Sloterdijk entende que essa situação não invalida o seu projeto de generosidade, pois ele não vê a doação presa a esse pensamento de Derrida que, na sua avaliação, é idealista metafísico. Ele diz que se torna cético quando é confrontado com

---

64. O debate todo entre Sloterdijk e outros, inclusive habermasianos, está em SLOTERDIJK, P. *Die nehmende Hand und die gebende Seite*. Op. cit. Indico também a versão em castelhano, especialmente organizada pela professora espanhola Carla Carmona, especial para o público não alemão, contendo uma boa introdução de sua autoria. SLOTERDIJK, P. *Fiscalidad voluntaria y responsabilidad ciudadana*. Op. cit.

65. DERRIDA, J. *Donner les temps*. Paris: Galilée, 1991.

"a ideia de uma dádiva (presente) incondicional"[66]. Confessa ter gasto um longo tempo lendo Derrida, mas entende que esse incondicionalismo é uma espécie de cavalo de Troia para a sociologia moderna. Se a dádiva enquanto dádiva, efetiva, é a que não põe de nenhum lado qualquer obrigação, isso não conduz a lugar algum. Afinal, "o que há de errado com a expectativa de algo ressoante na dádiva?" Para Sloterdijk, "toda dádiva (presente, doação) implica, de algum modo, a estrutura da troca", e "a questão é o que ocorreria se a relação entre a dádiva e a contradádiva fosse permanecer completamente aberta". Sua argumentação é de que a estrutura da troca não invalida nada na doação, uma vez que a doação é sempre uma relação que não estabelece nenhuma simetria sincrônica. Não se trata de uma nota promissória para pagar num banco. Dádiva e contradádiva estão ligadas uma a outra, e por isso mesmo toda dádiva de um bem tem preço. "Contudo, há muitas coisas que não têm preço, ainda que precisem ser mantidas, que necessitem ser pagas." "Nesses casos, um grande retorno é esperado, mas protelado para a próxima geração ou talvez cinco gerações mais tarde." Ninguém esperaria um ser humano se desculpando por uma tal demora[67].

---

66. Entrevista a Sjord van Tuinen. Op. cit.

67. Cf. nota 64.

Sloterdijk prefere ler a consideração de Derrida, que põe a doação em um nível do impossível, como a colocando, de fato, num âmbito de elevação, como o próprio Derrida faz com outros elementos, inclusive com a democracia – que para Derrida é sempre uma "situação por vir". Fazendo essa leitura de Derrida, ele pode retomá-lo para utilizá-lo na sua crítica a Habermas.

No caso de Habermas, Sloterdijk o louva por ter abandonado os "clichês marxistas" e ter abraçado um projeto de troca comunicacional. Todavia, o condena por ter ficado nisso e não ter dado o passo para um sistema de troca de dádivas materiais. Habermas teria posto a democracia num plano quase daquele de seu crítico e adversário, Derrida, como algo que tem fundamento para vir, mas que sempre está "por vir". Todavia, assim faz somente no plano da conversação livre, da generosidade da conversação, não da generosidade do presente, da doação. Ora, para Sloterdijk, pode-se dar enunciados, claro, e isso faz parte do regime da doação e da generosidade, mas isso não condiz com a manutenção da situação da coação material do fisco. Assim, especificamente em relação a Habermas, ele diz:

> Parece-me que Habermas nunca quis admitir que entre nós, quando nos "comunicamos", não se trata de um simples intercâmbio de frases com pretensões de verdade, mas também, igualmente, da entrega,

> devolução e transmissão de bens, tanto no sentido material como no simbólico da palavra. As ações em que isso se dá carregam de modo inevitável um excedente de elementos assimétricos e imprevisíveis[68].

E ele continua:

> O grande adversário de Habermas, Derrida, construiu suas reflexões éticas sobre essa ideia; por isso em sua obra mais tardia falou incansavelmente de dádiva, presente, perdão, assimilação, amizade, herança e de fenômenos similares. Todos esses temas eram deduzíveis de uma observação básica: em todo autêntico intercâmbio entre pessoas a vantagem de dar é insuperável. A justiça só pode ser pensada mais além da simetria entre dar e tomar. Não pode ser imaginada sem desigualdade e unilateralidade. Em consequência, "responder" nunca se esgota em devolver um presente recebido. A boa "resposta" só pode manifestar-se no seguir dando, com o que se cria de novo uma relação assimétrica[69].

Seguindo essa linha de reflexão, Sloterdijk volta a denunciar a incapacidade da social-democracia de notar as pessoas, que já não são poucas, que saíram

---

68. Ibid.

69. Ibid.

da letargia e que têm buscado projetos, aliança e cenas em que os que são capazes de dar têm condições de realizar suas fantasias sociais, sua consciência de doadores e seus impulsos timóticos criadores. A social-democracia, diz ele, ficou presa tempo demais em uma semântica de uma sociologia "realista" e uma filosofia social comandada pelo ressentimento bem-intencionado. O século XXI abrigará uma luta titânica entre a "razão da generosidade" e os "cálculos do pensamento inferior". Se a ética generosa puder ganhar essa luta, isso ocorrerá por conta de uma pressão crescente de dependências mútuas dos jogadores globais atuando em sua direção. "A sociedade mundial será um *patchwork* de comunidades timóticas, ou não será"[70].

Essa realização se fará por aqueles que já estão nesse afã. Eles é que poderão "regenerar a consciência da coisa comum" e criar um clima social diferente.

> São os doadores efetivos em todos os níveis da comunidade que em última instância suportam todo o peso dos construtores sociais conectados em rede pelo dinheiro, pelo saber, pela empatia; são os pequenos, médios e grandes pagadores de impostos diretos e indiretos, os doadores, os patrocinadores, os que fazem fundações,

---

70. Ibid.

> os ajudantes voluntários, os que traba-
> lham por facilitar a comunicação em rede
> (*networker*), os que dão ideias e todos os
> criadores conhecidos ou desconhecidos
> em todos os âmbitos, os que com seus pa-
> gamentos, impulsos e ideias enriquecem
> a coisa comum[71].

A narrativa da "ética da generosidade" de Sloterdijk compõe uma filosofia política para fora da
disputa tradicional no debate das últimas décadas,
na qual a justiça social se faz a partir de teorias pa-
radigmaticamente ligadas ao liberalismo de John
Rawls e ao ultraliberalismo de Robert Nozick. A
ética da generosidade vem por fora da discussão
tradicionalmente ligada à prisão teórica da disputa mais-Estado *versus* menos-Estado. Mas não só.
Também salta para longe e em franca oposição ao
neocomunismo, que pode bem ser representado por
Slavoj Žižek.

Como se sabe, o neocomunismo padece da es-
tranha ideia de que o que se quer no ponto de chega-
da é o homem generoso e livre, mas, para tal, traça
um caminho de ferros e coerção, que tem na base o
ressentimento como a única força da alma humana.

---

71. Ibid.

Nona lição

A liberdade

A sociedade antiga e a sociedade moderna diferem, entre outras coisas, fundamentalmente pela noção de liberdade. Os antigos eram livres para se virem capazes de cair sob a obrigação de seu *ethos*. Ser livre, portanto, era pertencer a um povo livre que, por não ser dominado por nada exterior, se dava ao prazer de poder cultivar seus deuses, falar sua língua, ter especial prática de usos e costumes. A Grécia se via livre à medida que tinha longe dela o poderio persa ou de outros impérios. E cada cidade-Estado grega se via livre se não tinha nenhuma outra tentando mudar seu modo de vida.

Por isso, quando Platão foi preso fora de Atenas e vendido como escravo, foi comprado por um filósofo epicurista para poder lhe restituir a sua liberdade e voltar para Atenas. Ou seja, voltar a ser grego. Fazia parte do *ethos* grego manter a honra de um cidadão grego e, portanto, encontrando-o degradado no exterior, restituir-lhe a dignidade, ou seja, sua condição grega – sua liberdade grega.

A sociedade moderna entende a liberdade de outro modo. Trata-se de uma liberdade da vontade enquanto faculdade humana individual. Fazer o que se quer fazer, como indivíduo, é uma liberdade mais próxima do livre-arbítrio agostiniano e das fileiras cristãs. Isso veio a calhar para o liberalismo moderno. Trata-se do império do cidadão livre por ser, antes de tudo, um indivíduo livre, assim, não raro, o *ethos* pode ser alguma coisa em oposição à moral, e esta sim um campo da liberdade.

A sociedade americana parece ser o exemplo mais acabado da Modernidade, especialmente quanto à liberdade. O americano não está longe do grego (ou do romano) ao querer viver em um "país livre", um país sem dominação exterior, mas ao mesmo tempo toma seu *ethos*, sua obrigatoriedade, como sendo o elemento interno que garante que ele possa exercer uma liberdade que o grego não conheceu, ou seja, a vontade individual livre. Esse culto ao individualismo, especialmente desenvolvido na "sociedade da abundância" (Galbraith) e da leveza, pode levar à própria desagregação da sociedade moderna? A sociologia clássica elegeu um tal problema como um de seus principais objetos de atenção.

Durkheim tentou solucionar tal problema ao falar nas vantagens da "solidariedade orgânica" sobre a "solidariedade mecânica". Weber notou a burocracia profissional e o chefe carismático como o que poderia dar unidade ao que chamou de "separação das esferas de valor" após o fim do prestígio da capa unificadora da religião. Antes deles, Marx propôs como uma solução o socialismo. A sociedade comunista, na qual a economia coletiva poderia libertar o homem, deveria fazê-lo senhor de seus afazeres e não mais objeto de forças de mercado que o estariam escravizando e ao mesmo tempo impondo a todos uma "irracionalidade" desagregadora.

Sloterdijk vê essa situação de outra maneira, completamente nova. À sociedade moderna, segundo ele, cabe dois tipos de liberdade, que, obviamente, demandam dois tipos de subjetividade. Uma das noções modernas de liberdade é a de Hegel: a consciência das necessidades. Hegel desfez a dualidade "liberdade *versus* necessidade" assumindo a função da consciência como o que entende que livre é aquele que sabe seus limites postos pelo que são suas necessidades, ainda que estas possam mudar historicamente, e que de fato assim fazem. Outra noção de liberdade moderna é a de Rousseau. Ele propõe o afastamento de toda oneração social, das máscaras sociais, e busca uma situação de liberdade na não consciência. O exemplo é a célebre passagem no Lago Biel, em *Os devaneios do caminhante solitário*, em que se deixa levar pelos devaneios. Pode-se até dizer que

Rousseau encontrou a liberdade em uma alteração ontológica não cartesiana, ou seja, no *não penso, logo existo*. Sentir a existência, e só ela, no completo devaneio, sem passado ou presente ou futuro, é o que Rousseau apontou como sendo a verdadeira liberdade.

Assim, os modernos levaram isso para o campo da ação: hegelianos de esquerda fizeram partidos transformadores e, em certo sentido, até puderam usar o Rousseau teórico da vontade geral, para a desgraça da liberdade; mas os rousseauístas românticos, os da fuga social, foram antes de tudo para o mundo *hippie* e puramente libertário do que para qualquer outra coisa. Maio de 68 foi o apogeu de prestígio dessas teses todas no conjunto do que se chamava então "juventude".

Sloterdijk tem pouco apreço pela liberdade rousseauísta, se esta acaba por desembocar na busca da vontade geral. Nesse caso, quando isso ocorre, atribui a Rousseau um desenvolvimento pessoal desrespeitoso com as transições que a esfera íntima deve passar, sabendo preservar o Outro que nos é inerente e que pode garantir nossa capacidade de conviver bem com a alteridade e com disposições alheias. Todavia, por outro lado, Sloterdijk não acredita que a liberdade rousseauísta tenha sempre que desembocar numa vala comum de quem retorna à sociedade ou para uma fusão com a natureza ou uma perda na vontade geral.

O filósofo alemão entende que a liberdade rousseauniana tem, ela própria, um componente de reengajamento no mundo. Uma ida para um eu interior em devaneio, completamente desonerado, é limitada no espaço e no tempo e, não raro, proporciona exatamente o chamado para o campo da oneração. Afinal, quanta leveza suporta o homem? Não é o título "a insustentável leveza do ser" uma expressão preferida de Sloterdijk? Claro, porque tal expressão é a condição moderna. Ora, é nisso que Sloterdijk vê o chamado do real como alguma coisa que tem a ver com a maneira que Sartre encara a liberdade ou, melhor, o engajamento.

O engajamento de Sartre, como não podia deixar de ser, tem uma clara referência política. Sloterdijk a toma de um modo mais amplo que, em certo sentido, talvez até seja mais fiel ao conceito sartreano do que o que é divulgado.

A célebre frase de Sartre de que o "homem está condenado à liberdade" explica a noção de engajamento. Para o existencialismo o homem não tem uma natureza para fora da sua própria existência[72]. O homem se torna o que é, ou seja, efetivamente humano, pelas contínuas escolhas que faz na sua exis-

---

72. A respeito das teses principais de Sartre nunca é demais voltar à conferência didática "O existencialismo é um humanismo". Cf. SARTRE, J.-P. *Sartre – Os pensadores*. São Paulo: Nova Cultural, 1987.

tência; em cada escolha, materializa-se a liberdade. Ela surge nas decisões. Realiza-se nas escolhas. Essas escolhas não podem não ser feitas. Quando o homem pensa não escolher pela sua vontade, acabou de escolher, ou seja, escolheu não escolher. Trata-se de uma escolha da vida, e o homem é sempre seu próprio projeto. A cada decisão o homem se faz e faz a liberdade surgir, se realizar. Nesse sentido, a todo momento o homem está se engajando.

Em *O pequeno príncipe* a raposa diz que devemos cuidar de quem cativamos. Em certo sentido trata-se de tomar a noção de consequência não só como algo físico, de causa e efeito, mas também de responsabilidade, de ato humano. Não à toa Heidegger falou de *O pequeno príncipe* como um grande livro existencialista[73]. Ele traduz a questão da existência e do seu necessário engajamento como uma situação dramática, que é o exercício da liberdade da qual não se pode escapar. Pois quem cativa e não cuida, ou imagina poder simplesmente dar de ombros, ainda assim decidiu. Esse engajamento é o que faz com que qualquer um que entre no bote do Lago Biel, de Rousseau (Quinta caminhada de *Os devaneios do*

---

73. Sloterdijk é responsável por uma recente tradução desse livro para o alemão [Disponível em http://ghiraldelli.pro.br/pequeno-principe/].

caminhante solitário), seja requisitado pela continuidade da existência. O barco navega, ele é uma contingência da vida, não a vida.

Sloterdijk diz:

> Olhando mais de perto, torna-se evidente que o sujeito libertado nunca fica permanentemente na posição da inacessibilidade do real. Uma vez que descobre a sua liberdade, ele também descobre uma quase ilimitada acessibilidade para chamadas a partir do real. Devido à sua disponibilidade, alcançada no pico da separação interior máxima, ganha a partir de si mesmo o caminho de volta para o objetivo – se não for realizado, como no caso de Rousseau, pela neurótica construção de falso ego. Ele sai do barco por meio de uma desestabilizadora experiência inesquecível, e torna-se disponível ao mercado de trabalho do real, para além de disposição e resistência. Penso que essa virada para auto-oneração é o que Jean-Paul Sartre quer dizer pelo termo engajamento[74].

Sloterdijk destaca a fidelidade de Sartre à "liberdade sem solo". Por isso mesmo, diz ele, "o nada da subjetividade" nunca lhe soou como um "abismo degradante" e, sim, como uma "fonte que jorrava para o alto". Era como uma "força de negação contra tudo

---

74. SLOTERDIJK, P. *Stress und Freiheit*. Op. cit., p. 57.

que nos encerra". Sartre distinguiu-se nessa atitude de muitos outros que, como ele, pensaram a subjetividade; "comprazeu-se no abismo; a revolta era para ele mais um dever do que uma cura". Assim foi que

> o que designou por *engagement* era a continuação do *dégagement* por outros meios; não tinha dúvidas quanto à primazia da libertação perante novas amarras. Dominava a arte de querer espontaneamente quase tudo o que tinha de fazer, onde ia, antecipava-se à coação. *Glissez, mortels, n'appuyez pas!*, a expressão da sua avó, citada várias vezes em destacadas passagens da sua obra, reproduzia o *motto* da sua vida: deslizem mortais, não façam peso[75].

Todavia, o problema todo de Sloterdijk não é o engajamento, mas a fonte capaz de torná-lo possível. Para ele, essa fonte de auto-oneração demandada pelo engajamento é o orgulho. Trata-se da elevação espontânea da situação ordinária, e que os gregos, lembra Sloterdijk, chamavam de *thymós*[76]. É com esse termo que se aponta para o centro do interior afetivo capaz de motivar as pessoas a revelarem-se como proprietárias de fornecimento de virtudes em seu meio social. É como uma "mentalidade liberal

---

75. SLOTERDIJK, P. Sartre. In: *Temperamentos filosóficos*. Lisboa: Ed. 70, 2012, p. 103.

76. SLOTERDIJK, P. *Stress und Freiheit*. Op. cit., p. 57.

de dar vida". Não se trata aí de qualquer fonte capaz de ser reduzida a uma situação naturalizante, onde apareceriam causas exteriores e condições neurológicas. Na verdade, Sloterdijk insiste, as pessoas têm buscado encontrar a liberdade em lugares onde não se pode achá-la: na vontade, no ato de escolha ou mesmo no cérebro. Com isso, negligenciam sua origem na disposição nobre, na generosidade e na elevação. Na verdade, "liberdade é simplesmente uma outra palavra para nobreza". É a disposição de tomar o que é o mais difícil. Estar livre, nesse sentido de Sloterdijk, é estar suficientemente liberto para ir buscar o mais impossível, o invulgar e o menos afeito ao demasiadamente humano. Assim, "liberdade é a disponibilidade para o improvável"[77].

Sloterdijk reclama de quanto esse modo de entender a liberdade, de fazer o melhor e o mais generoso, pode ter sido perdida. Fala da indisposição das pessoas para com o liberalismo político, que ele acha que deve ser recuperado. Insiste então que a palavra "liberal" ou, então, "neoliberal", tornou-se algo nefasto. Conclui que a liberdade é muito importante para ser deixada nas mãos dos liberais[78].

---

77. Ibid., p. 57-58.

78. Ibid., p. 58-59.

Décima lição

Teorias da verdade e a contribuição de Peter Sloterdijk

Não há algo mais banal do que a verdade. Ao mesmo tempo, trata-se de uma palavra com a qual denominamos nada mais nada menos do que Deus. Deus é a verdade, dizem os devotos. Alguns preferem fazer distinções de modo a não comprometer nem a verdade e nem Deus, então usam "verdade" como alguma coisa de ordem metafísica (ou mesmo mística) e deixam para usar no cotidiano o adjetivo "verdadeiro". Estabelecem traçados paralelos (sendo então ambos legítimos) de duas tendências filosóficas aparentemente distintas, a tendência metafísica e a tendência positivista, em particular o positivismo-lógico ou, de modo mais amplo, a filosofia analítica. Para esta última só cabe falar em verdade como um qualificativo de enunciados. Diz-se de uma proposição que ela "é verdadeira" ou "é falsa". Busca-se com isso a desinflação metafísica ou ontológica da noção de verdade.

De um modo geral a filosofia contemporânea endossa essa ideia da filosofia analítica. Após tantas críticas de Nietzsche à verdade, uma boa parte dos filósofos atuais vê com bons olhos essa solução dada pela filosofia analítica. A discussão entre Richard Rorty e Donald Davidson a respeito do tema ilustra bem isso. Rorty segue Nietzsche e radicaliza as propostas de Davidson, estabelecendo os usos linguísticos que fazemos dos termos "é verdade" e "é verdadeiro"[79]. Davidson responde a Rorty afirmando que ele próprio diz até menos para poder dizer mais, pois acredita que não podemos sequer ter uma linguagem sem o termo "verdadeiro", pois se trata de um "conceito primitivo". Ambos concordam que a verdade não se explica sem que se caia em círculos. Quando queremos dizer o que ela é recorremos à noção de significado, e quando vamos explicar a noção de significado não conseguimos outro caminho senão envolver o termo verdade[80].

Essas formulações de Davidson e Rorty surgem porque todas as noções tradicionais de verdade dão problema. As teorias da verdade são sustentáveis

---

79. GHIRALDELLI JR., P. *O que é pragmatismo*. São Paulo: Brasiliense, 2007, p. 115-124.

80. GHIRALDELLI JR., P. *Introdução à filosofia de Donald Davidson*. Rio de Janeiro: Luminária, 2010. Cf. tb. DAVIDSON, D. *Ensaios sobre a verdade*. São Paulo: Unimarco, 2002.

só em parte, ainda que não possamos abrir mão de nenhuma delas.

As teorias da verdade que temos são basicamente três: correspondência, coerência e pragmatista. As duas primeiras se baseiam na ideia de adequação, a última adota a funcionalidade. Nas duas primeiras trata-se de obter, respectivamente, a adequação de um enunciado com o que se denomina realidade ou fato (correspondência), e a adequação entre um enunciado e um conjunto de outros enunciados já aceitos (coerência). Na terceira trata-se de usar o termo "é verdadeiro" como um "expediente" (William James) para se lidar com enunciados e situações no plano intelectual, de modo equivalente ao que se faz com "é certo" no plano moral.

Resumindo ao máximo: na correspondência ou na coerência vale a regra "Pitoko está no tapete" (S) é verdadeiro se e somente se *Pitoko está no tapete* (*s*). A diferença entre as duas é quanto à checagem do enunciado para qualificá-lo de verdadeiro ou falso. O adepto da visão correspondentista, quer checar a frase com a realidade, o fato; a versão coerentista quer fazer a mesma coisa, mas admoesta o correspondentista lembrando que "a realidade" ou "o fato" só são acessíveis por meio de enunciados que o descrevem, ou seja, que *s* só é conhecível por meio de S, e então por meio de outros enunciados que coadunam com S. O realista revida dizendo que pode haver um conjunto de frases todas coerentes umas com as outras formando um todo racional e inteligível, mas completamente mentiroso. Por sua vez, o pragmatista busca antes se desviar do problema do realismo, que envolve correspondentistas e coerentistas, do que solucioná-lo. Nem acha que há solução, diz que é um falso problema, pois "é verdadeiro" é algo do uso como quem lida com as coisas, com uma expediente para empurrar a vida, um dispositivo para o bom relacionamento comunicacional. Assim, se queremos saber se o "Pitoko está no tapete" é verdadeiro, então não temos que ficar olhando para os valores de verdade do enunciado, que são dois, falso ou verdadeiro, mas temos que, se não confiamos na visão ou se não confiamos em quem nos conta o caso, ver outros mecanismos de checagem. Por exemplo, podemos perguntar para mais pessoas confiáveis sobre "Pitoko está no tapete", e então apostar numa das respostas (aí cada uma daria uma resposta segundo sua expertise: alguns olhariam acuradamente, outros diriam que iriam poder dar uma resposta boa se tivessem mais pessoas confirmando o que ele vê etc.). Em outras palavras: o pragmatismo opta por uma via epistemológica para lidar com a verdade; quer satisfazer a comunicação e obter consequências úteis nas suas perguntas. Assim, a verdade envolve investigação e conhecimento, enquanto que o realista (na forma correspondentista ou coerentista) parece acreditar que podemos deixar o "querer saber" de lado e nos atermos unicamente à lógica dos enunciados. Por si mesmos, eles nos dariam condições de dizer "falso" ou "verdadeiro".

Aliás, os realistas (correspondentistas e coerentistas) dizem que o pragmatismo estraga a lógica presente nos enunciados ao enfiar procedimentos que dizem respeito à epistemologia na conversa sobre a verdade. Uma coisa seria a investigação das condições lógicas de uma proposição ser verdadeira ou falsa, outra coisa bem diferente seriam as regras epistemológicas para cada sujeito ou agente vir a aceitar um enunciado como verdadeiro ou falso. O pragmatista não se preocupa muito com essa objeção porque ele desacredita que exista alguma coisa que valha a pena descobrir na "lógica a respeito de enunciados" – isso não mudaria em nada as decisões que tomamos, pois para tomar uma decisão de aceitar que "Pitoko está no tapete" iremos sempre por investigações, sendo o objetivo nada além deste: é bom ou verdadeiro o conhecimento que nos faz encontrar o Pitoko sobre o tapete.

Essa conversa é inconclusiva. Dificilmente conseguimos nos convencer inteiramente de um lado só, excluindo o outro. Alguns filósofos continentais chegaram mesmo a se cansar de conversar sobre a verdade da história e passaram a investigar como é a história da verdade. Foucault se dedicou a isso. Atualmente, Peter Sloterdijk tem algo a dizer sobre essa via de abordar o tema.

No livro *Sphären I*, principalmente no excurso VIII[81], ele desenvolve sua tese sobre a noção de verdade. Começa dizendo que há duas grandes tradições na história da Europa de como apresentar a verdade. Uma primeira seria a que diz respeito à adequação. Emparelha-se um pensamento ou enunciado com o que é referido pelo enunciado no mundo, a coisa ou o fato ou ocorrência etc. A segunda ainda é da ordem da adequação, mas envolve uma espécie de moldagem ou formatação após a absorção de algo. Caso a formatação ocorra a contento na absorção, eis então a verdade. A regra aí não é o emparelhamento para testar correspondência, mas o engolir, o comer, o devorar de modo a envolver e ser envolvido e então produzir um novo produto.

Se eu quero saber se "Pitoko está no tapete" é uma verdade, faço o emparelhamento entre o enunciado e a minha percepção do Pitoko em cima do tapete. Mas se quero ouvir música *verdadeiramente* tenho de me deixar envolver pela música, embrenhar-me nela, entrar em simbiose e deixá-la moldar-me por conta de atravessar meus poros, minha

---

81. SLOTERDIJK, P. *Sphären I* – Blasen. Frankfurt a. Main: Suhrkamp, 1998, p. 532-542.

alma. Sinto-me renovado nisso. Quando quero salvar minha alma *verdadeiramente* tenho de engolir a hóstia e, tendo me purificado antes por meio da confissão, deixar o alimento sagrado penetrar em meu corpo, fundir-me com ele, de modo que até minha alma seja atingida por ele que, afinal, é o Corpo do Senhor. Sinto-me renovado nisso.

Essa segunda tradição, a da verdade como o que se come, como o que é absorvido e que ao mesmo tempo absorve, é tomada por Peter Sloterdijk também como um modelo de adequação. Concordo com ele, mas coloco minhas fichas na mesa dizendo que há algo da terceira Teoria da Verdade nisso aí, que é a Teoria Pragmatista. Pois a Teoria Pragmatista não está preocupada com a representação do real, mas está preocupada em obter uma consequência no mundo, prática, sendo que uma tal consequência pode ser atribuída ao verdadeiro. O que importa para o pragmatista é achar o Pitoko, e se várias pessoas dizem que "O Pitoko está no tapete", e tais pessoas que assim afirmam são razoáveis e confiáveis, ele nota então que o enunciado "Pitoko está no tapete" é um forte candidato para receber suas apostas. Nesse caso, pode dizer que esse enunciado "é o bom" ou "é verdadeiro". A perspectiva de se envolver e de deixar-se formatar, como Peter Sloterdijk diz, é da ordem antes das consequências do que da representação. Ora, isso tem a ver com o pragmatismo. Quem ouve música e quem come a hóstia está pegando o caminho que acredita o melhor para se transformar, a via que permite que se possa dizer, então, "estou mais verdadeiro agora", renovado. Ou então: "participei da verdade uma vez que ouvi música verdadeiramente, e a música é a minha verdade". Ou ainda: "participei da verdade uma vez que comunguei verdadeiramente o Corpo do Senhor, e o Senhor é a minha verdade".

Bem, se posso ler Sloterdijk dessa maneira, então cabe acompanhá-lo para ver as origens dessa segunda forma da noção de verdade, a não representacional. As origens da atitude pragmática quanto to à verdade.

A filosofia de Sloterdijk é guiada pela frase "Dasein ist designer", como Bruno Latour gosta de dizer sobre seu colega. Ou seja, o ser-aí heideggeriano é mais que o ser-aí de Heidegger, é um criador de ambientes, um arquiteto de interiores. Ele participa da criação de um ambiente interior, uma esfera. Uma primeira esfera é o útero. Ela é o primeiro interior construído pela mãe e, rapidamente, continuamente reconstruída pela mãe e pelos habitantes internos do útero. Nesse ambiente de simbiose estabelece-se o início da história da subjetividade.

Da maneira mais breve possível, eis a trajetória.

Estamos no útero, ou melhor, há algo no útero que mais tarde diremos que éramos nós. Lá somos parte de outro ser e o outro é parte de nós. Tudo ali são não objetos (Thomas Macho), pois nada é ainda um objeto e não há ali um sujeito. Nem sabemos onde começa um e termina o outro, quando já podemos falar nessa esfera de ao menos dois polos (feto e elementos placentários), e não podemos mesmo saber isso nessa esfera que é real e ao mesmo tempo surreal; surreal porque a esfera, como conceituada por Sloterdijk, é o lugar em que dois corpos ocupam o mesmo espaço. Ali, no ambiente uterino, recebemos alimento sem esforço. Depois, imediatamente fora, quando do nascimento, já que somos contínuos *designers* de interiores, então recriamos a esfera por meio do acolhimento da mãe. Ela abre os braços e nos coloca novamente em simbiose com ela. Na sequência, recebemos alimento. Logo depois o fazemos por meio de um chamado mágico: emitimos sons e o leite vem num bom seio enquanto nosso corpo é acolhido pelo corpo da mãe, que imita a caverna de onde viemos (na ontogênese, mas também na filogênese). Por fim, gememos mais um pouco, e eis então que o leite, um determinado dia, não vem; é necessário movimentar a boca, segurar a mamadeira – a mágica foi substituída pelo início do esforço. Surge o trabalho. Força-se o surgimento do sujeito, uma vez que o sujeito é esforçar-se. A felicidade (do prazer do alimento) deixa de depender de mágica e passa a depender do trabalho. Eis que está pronto o lema moderno: quem não trabalha não come, não tem direito à felicidade.

Se entendermos essa passagem do excurso 8 de *Blasen* (*Sphären I*) de Peter Sloterdijk, damos um passo imenso para entendermos que simbiose, mágica e trabalho são sequências; efetivamente são todos *meios* (meio ambiente) de preenchimento da esfera, o local da ressonância. É a ressonância que estabelece a esfera. Ressonância entre polos que só podem ser mencionados porque o meio se faz e se mantém: o líquido amniótico, a mágica, o esforço. O sujeito se faz, então, em conjunto com uma noção de verdade poderosa, a que vem da moldagem, formatação e, é claro, esforço. Vem da continuidade da práxis, *pragma*, de tudo que é o meio em suas consequências. A proto-história da subjetividade é, então, a proto-história da verdade, ou ao menos de uma noção de verdade, a que envolve consumação.

A noção de verdade do pragmatismo é isso: um expediente para que possamos nos manter no mundo, lidar com ele, satisfazer interesses, ter mais controle sem mágica. Não saberíamos fazer isso se não tivéssemos sido desde sempre conformados à situação de simbiose e ressonância entre dois polos, como eternos gêmeos siameses, ou seja, como quem nasce com um "instinto de relação", como diz Martin Buber. Nascemos com um "instinto de relação" porque nunca experimentamos a sensação de ser um, pois sempre fomos dois em um. A relação nos é inerente. Só se pudéssemos viver fora da esfera, seríamos um, mas não fazemos isso. *Dasein ist designer*.

Conclusão

Somos díades ou biunidades, mas a Modernidade nos trouxe a perda sobre esse saber a respeito de nós mesmos. Descremo-nos como unidades individuais em um sentido solitário e substancial, a gosto de uma metafísica substancialista filiada a Aristóteles e Descartes, ou como seres que precisariam se ressocializar, e isso seria feito por sermos comunicacionais – comunicação esta que, na prática, parece não dar conta de nos fazer sair do buraco individualista. Com isso, criamos uma imagem de nós mesmos segundo uma estreita perspectiva psicopolítica liberal acrítica.

Nesse sentido, nos vemos como seres solitários no meio de multidões e, então, acabamos mesmo acreditando nisso, e nos revolvemos procurando parcerias em apetrechos tecnológicos ou no consumo sem critérios.

Somos timóticos, mas a Modernidade nos redesenhou como quem não pode ter orgulho. Ser orgulhoso de cuidar de alguma coisa nos faz antes culpados do que pessoas alvissareiras por promover a generosidade. Tornamo-nos réplicas de nosso retrato malfeito, que nos reduziu a seres sob o conflito entre razão *versus* paixão. A paixão, ao englobar sensações e sentimentos, é tomada então como necessária, mas, ao mesmo tempo, sempre um fato de distúrbio de nossa própria ação.

Nesse sentido, tomamos como necessário a humildade como uma virtude que, na prática, funciona como ideologia. Vivemos nos condenando por ações que atribuímos às paixões, mas que, em outra psicologia, poderíamos ver como bem cabíveis, como sendo ações própria do *thymos*, o campo da ira, da autoestima necessária para a identidade, da busca de sadio reconhecimento que, enfim, Hegel viu com a marca distintivamente humana.

Somos seres da riqueza. Desde o início, tanto do ponto de vista da ontogênese (história do indivíduo) quanto da filogênese (história da espécie). Do ponto de vista da filogênese confirmamos nossa riqueza pela neotenia. Do ponto de vista da ontogênese somos os seres que se esforçam para se tornar sujeitos, mas segundo o campo uterino ampliado. No entanto, na Modernidade, essa imagem é reforçada em outro sentido. Tornamo-nos aqueles que se veem sempre na pobreza, com poucos recursos, como frágeis cercados num meio de escassez. A

Modernidade nos mostra que abrimo-nos, justamente nessa época, para o nosso desiderato: seres da riqueza vivendo na sociedade da abundância e da leveza. Mas nossa imagem, justamente nesses tempos, é o oposto disso: tudo é miséria e sofrimento. Somos vítimas da ideologia da Internacional Miserabilista. Com isso, temos dificuldade de aceitar que poderíamos gerar uma sociedade que, enfim, já vem funcionando: o lugar de coisas menos impostas (inclusive o "imposto", o fisco) e com apreço maior à liberdade justamente porque estamos numa sociedade onde o tempo de trabalho foi reduzido e o trabalho com fardo também diminui. Somos a sociedade da pílula, da eletricidade e da penicilina, não só a era da "fome na África" e da "guerra árabe".

Em termos bem gerais, essas são as conclusões da compreensão da subjetividade e da Modernidade de Peter Sloterdijk, ou ao menos o que se pode tirar da sua filosofia quanto à fase da *esferologia*. Ora, o que podemos pensar a partir daí?

Talvez valha a pena, seguindo essa linha de pensamento, atentarmos para o papel das grandes teorias da Modernidade. Em uma sociedade desonerada como a nossa, também não são o marxismo e a psicanálise (essas duas teorias que quiseram, um dia, se colocar como a Ciência das ciências, uma espécie de metaciência não filosófica) formas de pensamento desonerado que, em um aparente paradoxo, precisa repor alguma oneração, alguma necessidade, de modo a ontologizar o mundo?

A psicanálise desonera o sujeito à medida que joga para o inconsciente as responsabilidades de pensamentos e atos; por sua vez, o marxismo faz algo semelhante ao tirar dos ombros do sujeito certos atos que levam ao tropeço, então postos na conta da ideologia, da falsa consciência no mundo regido pelo mercado. Inconsciente e falsa consciência ou ideologia são elementos de desoneração. Nossa vida se torna menos culpada quando podemos nos agarrar a tais muletas do Iluminismo.

No entanto, o peso social reaparece, ou seja, o estresse é reposto, se notarmos que a psicanálise não deixa de falar em "mal-estar" da civilização. Desejos desviados são, sempre, não necessariamente bem sublimados, e podemos nos fazer todos um pouco frutos de patologias. Por outro lado, pelo marxismo, a vida social não é rósea, pois há alguma coisa que nos coloca em guerra perpétua, se pensarmos que a "luta de classes" se manifesta de diversas formas e domina todo o nosso tempo. Estresse e liberdade – eis os polos da reoneração no desdobramento da sociedade da leveza, a sociedade desonerada moderna.

Assim sendo, a filosofia de Peter Sloterdijk ganha a abrangência que se espera de uma grande proposta filosófica, a capacidade de explicar o que ocorre e também como o que ocorre teve de gerar essas teorias sobre o que ocorre. A Modernidade é retratada à medida que as teorias sobre ela e que nascem dela são também postas em um quadro maior.

Referências

BATAILLE, G. *A parte maldita*. São Paulo/Belo Horizonte: Autêntica, 2013.

BUBBER, M. *Eu e tu*. São Paulo: Centauro, 2013.

CARMONA, C. Introdução. In: SLOTERDIJK, P. *Fiscalidad voluntaria y responsabilidad ciudadana*. Madri: Siruela, 2014.

DAVIDSON, D. *Ensaios sobre a verdade*. São Paulo: Unimarco, 2002.

DERRIDA, J. *Donner les temps*. Paris: Galilée, 1991.

EMERSON, R.W. Self-reliance. In: *Essays* [Disponível em http://www.emersoncentral.com/selfreliance. htm – Acesso em 27/06/2016].

FUKUYAMA, F. *O fim da história e o último homem*. Rio de Janeiro: Rocco, 1992.

GHIRALDELLI, P. *Notas sobre subjetividade em Agostinho* [Disponível em http://ghiraldelli.pro.br/ filosofia/agostinho-subjetividade.html].

GHIRALDELLI JR., P. *Para ler Sloterdijk*. Rio de Janeiro: Via Verita, 2016.

_____. *Sócrates*: pensador e educador. São Paulo: Cortez, 2015.

_____. *Introdução à filosofia de Donald Davidson*. Rio de Janeiro: Luminária, 2010.

_____. *O que é pragmatismo*. São Paulo: Brasiliense, 2007.

HEIDEGGER, M. *Carta sobre o humanismo*. Lisboa: Guimarães, 1987.

LATOUR, B. A Cautious Prometheus? – A Few Steps Toward a Philosophy of Design (with Special Attention to Peter Sloterdijk). In: HACKNE, F.; GLYNNE, J. & MINTO, V. (eds.). *Proceedings of the 2008 Annual International Conference of the Design History Society* – Falmouth, 3-6 September 2009. Universal Publishers [e-books].

MARTON, S. *Nietzsche*: das forças cósmicas aos valores humanos. São Paulo: Brasiliense, 1991.

RAWLS, J. *Conferências sobre a história da filosofia política*. São Paulo: Martins Fontes, 2012.

SARTRE, J.-P. *Os pensadores*. São Paulo: Nova Cultural, 1987.

SLOTERDIJK, P. *Was geschah im 20. Jahrhundert?* Berlim: Suhrkamp, 2016.

_____. *Selected exaggerations*. Malden (MA): Polity, 2016.

_____. *Die schrecklichen Kinder der Neuzeit.* Berlim: Suhrkamp, 2014.

_____. *What does a human have that he can give away?* [Entrevista a Sjord van Tuinen] [Disponível em https://www.academia.edu/9185150/What_Does_a_Human_Have_that_He_Can_Give_Away_-_interview_with_Peter_Sloterdijk_2013_].

_____. *Crítica da razão cínica.* São Paulo: Estação Liberdade, 2012.

_____. Sartre. In: *Temperamentos filosóficos.* Lisboa: Ed. 70, 2012.

_____. *Ira e tempo.* São Paulo: Estação Liberdade, 2012.

_____. *Stress und Freiheit.* Berlim: Suhrkamp, 2011.

_____. *Die nehmende Hand und die gebende Seite.* Berlim: Suhrkamp, 2010.

_____. *Du musst dein Leben ändern.* Frankfurt a. Main: Suhrkamp, 2009.

_____. *Palácio de cristal.* Lisboa: Relógio D'Água, 2008.

_____. *O sol e a morte.* Lisboa: Relógio D'Água, 2007.

_____. *O quinto "evangelho" de Nietzsche.* Rio de Janeiro: Tempo Brasileiro, 2004.

_____. *Shäume* – Sphären III. Frankfurt a. Main: Suhrkamp, 2004.

_____. *A mobilização infinita*. Lisboa: Relógio D'Água, 2002.

_____. *Nicht gerettet*. Frankfurt a. Main: Suhrkamp, 2001.

_____. *Regras para o parque humano.* São Paulo: Estação Liberdade, 2000.

_____. *Blasen* – Sphären I. Frankfurt a. Main: Suhrkamp, 1998.

TAYLOR, C. *Hegel*: sistema, método e estrutura. São Paulo: É Realizações, 2014 [Trad. de Nélio Schneider].

COLEÇÃO 10 LIÇÕES
Coordenador: *Flamarion Tavares Leite*

– *10 lições sobre Kant*
  Flamarion Tavares Leite
– *10 lições sobre Marx*
  Fernando Magalhães
– *10 lições sobre Maquiavel*
  Vinícius Soares de Campos Barros
– *10 lições sobre Bodin*
  Alberto Ribeiro G. de Barros
– *10 lições sobre Hegel*
  Deyve Redyson
– *10 lições sobre Schopenhauer*
  Fernando J.S. Monteiro
– *10 lições sobre Santo Agostinho*
  Marcos Roberto Nunes Costa
– *10 lições sobre Foucault*
  André Constantino Yazbek
– *10 lições sobre Rousseau*
  Rômulo de Araújo Lima
– *10 lições sobre Hannah Arendt*
  Luciano Oliveira
– *10 lições sobre Hume*
  Marconi Pequeno
– *10 lições sobre Carl Schmitt*
  Agassiz Almeida Filho
– *10 lições sobre Hobbes*
  Fernando Magalhães
– *10 lições sobre Heidegger*
  Roberto S. Kahlmeyer-Mertens
– *10 lições sobre Walter Benjamin*
  Renato Franco
– *10 lições sobre Adorno*
  Antonio Zuin, Bruno Pucci e Luiz Nabuco Lastoria
– *10 lições sobre Leibniz*
  André Chagas
– *10 lições sobre Max Weber*
  Luciano Albino
– *10 lições sobre Bobbio*
  Giuseppe Tosi

- *10 lições sobre Luhmann*
  Artur Stamford da Silva
- *10 lições sobre Fichte*
  Danilo Vaz-Curado R.M. Costa
- *10 lições sobre Gadamer*
  Roberto S. Kahlmeyer-Mertens
- *10 lições sobre Horkheimer*
  Ari Fernando Maia, Divino José da Silva e Sinésio Ferraz Bueno
- *10 lições sobre Wittgenstein*
  Gerson Francisco de Arruda Júnior
- *10 lições sobre Nietzsche*
  João Evangelista Tude de Melo Neto
- *10 lições sobre Pascal*
  Ricardo Vinícius Ibañez Mantovani
- *10 lições sobre Sloterdijk*
  Paulo Ghiraldelli Júnior
- *10 lições sobre Bourdieu*
  José Marciano Monteiro
- *10 lições sobre Merleau-Ponty*
  Iraquitan de Oliveira Caminha
- *10 lições sobre Rawls*
  Newton de Oliveira Lima
- *10 lições sobre Sócrates*
  Paulo Ghiraldelli Júnior

CATEQUÉTICO PASTORAL

Catequese – Pastoral
Ensino religioso

CULTURAL

Administração – Antropologia – Biografias
Comunicação – Dinâmicas e Jogos
Ecologia e Meio Ambiente – Educação e Pedagogia
Filosofia – História – Letras e Literatura
Obras de referência – Política – Psicologia
Saúde e Nutrição – Serviço Social e Trabalho
Sociologia

TEOLÓGICO ESPIRITUAL

Biografias – Devocionários – Espiritualidade e Mística
Espiritualidade Mariana – Franciscanismo
Autoconhecimento – Liturgia – Obras de referência
Sagrada Escritura e Livros Apócrifos – Teologia

REVISTAS

Concilium – Estudos Bíblicos
Grande Sinal – REB

VOZES NOBILIS

Uma linha editorial especial, com importantes autores, alto valor agregado e qualidade superior.

PRODUTOS SAZONAIS

Folhinha do Sagrado Coração de Jesus
Calendário de mesa do Sagrado Coração de Jesus
Agenda do Sagrado Coração de Jesus
Almanaque Santo Antônio – Agendinha
Diário Vozes – Meditações para o dia a dia
Encontro diário com Deus
Guia Litúrgico

VOZES DE BOLSO

Obras clássicas de Ciências Humanas em formato de bolso.

CADASTRE-SE
www.vozes.com.br

EDITORA VOZES LTDA.
Rua Frei Luís, 100 – Centro – Cep 25689-900 – Petrópolis, RJ
Tel.: (24) 2233-9000 – Fax: (24) 2231-4676 – E-mail: vendas@vozes.com.br

UNIDADES NO BRASIL: Belo Horizonte, MG – Brasília, DF – Campinas, SP – Cuiabá, MT
Curitiba, PR – Fortaleza, CE – Goiânia, GO – Juiz de Fora, MG
Manaus, AM – Petrópolis, RJ – Porto Alegre, RS – Recife, PE – Rio de Janeiro, RJ
Salvador, BA – São Paulo, SP